时空
Space-time

董福田 著

技术、经营与人生

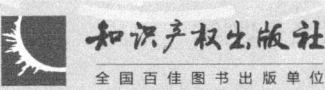

知识产权出版社

全国百佳图书出版单位

图书在版编目(CIP)数据

时空 / 董福田著. — 北京：知识产权出版社，2017.7
ISBN 978-7-5130-4986-3

Ⅰ.①时… Ⅱ.①董… Ⅲ.①哲学-研究 Ⅳ.①B

中国版本图书馆CIP数据核字(2017)第149846号

内容提要：

《时空》通过时空关系将中国的传统哲学和西方的科学融为一体，建立了研究事物整个生命周期、全息时空的螺旋论，是作者在长期的科研、教学和企业经营实践的过程中提炼而成的，解决了空间数据库、计算机图形学和地理信息系统等多个学科中现有方法论一直没能解决的核心技术难题。

责任编辑：田 姝　　　　责任出版：卢运霞

时　空
SHIKONG

董福田　著

出版发行：知识产权出版社有限责任公司	网　址：http://www.ipph.cn
	http://laichushu.com
电　话：010-82004826	
社　址：北京市海淀区气象路50号院	邮　编：100081
责编电话：010-82000860转8598	责编邮箱：tianshu@cnipr.com
发行电话：010-82000860转8101	发行传真：010-82000893
印　刷：北京中献拓方科技发展有限公司	经　销：各大网上书店、新华书店及相关专业书店
开　本：720mm×1000mm 1/16	印　张：17
版　次：2017年7月第1版	印　次：2017年7月第1次印刷
字　数：200千字	定　价：42.00元
ISBN 978-7-5130-4986-3	

出版权专有侵权必究
如有印装质量问题，本社负责调换。

前 言

宇宙间的所有事物都在一定的时间和空间里运动变化，空间和时间也是现实世界最基本、最重要的属性。从远古至今，时空问题一直是人类认识世界、改造和适应世界过程中最基本、最重要的问题之一，在当前各种哲学与科学理论中处于突出的位置。中西方几次重大的科技变革均与时空观的改变密切相关。

伴随着科学技术的快速发展，无所不在的网络将人、机、环境甚至人的意识都联接在一起，正极大地改变着人们对时空的表达与认知方式。各种传感器和观测仪器的出现，万物互联和万网互联增强了人对现实世界的感知范围，拓展了视、听、触的时空范围。现代交通、智能物流推动了人、机、物的时空距离的压缩。云计算、大数据、人工智能等技术通过信息变换优化物理世界的物质运动和能量运动以及人类社会的生产消费活动。社交网络、虚拟感知、增强现实等技术推动了真实时空向虚拟时空的转变。

在此背景下，现实时空、观测时空、认知时空和虚拟时空等相互交叉，有机融合，各种时空统一于信息，成为"时空"概念不可分割的一体多面。时空已经成为虚实融合的信息世界新秩序的本质属性，是现实世界、人类认知和信息世界联系的纽带，是人的目的性和事物的规律性信息化和秩序化的体现，也是世界被再现、延续、展示、超越和构造的基础。

时空依赖性与动态性是事物发展的重要特征。世间万物在多重时空中的叠加呈现出不同尺度/粒度、连续和离散、渐变和突变、对象和过程的交织融合特征。时空将不仅仅是各类有形事物存在与运动的参照系,同时也是物质世界和信息世界共同发展、演化的参照系,是全局思维和局部行为的有机统一体。时空的表达不仅是事物及事物运动演化的描述,更是现实时空和虚拟时空在时空关系上的统一,是系统各部分之间全部时空关联的统一整体,是信息时空秩序构建的关键。

时空的表达是群体和个体及其合规律性和合目的性的统一。这就需要建立以时空为视角的全息时空方法论,为人、机、物等所有系统建立统一的思维模型和系统模型,生成、协同各系统的生存、发展和演化。

中西方哲学从不同的认识论出发,产生了对时空不同的认知模式和方法论。西方的时空观以还原论为基础,认为物质是宇宙组成要素之一,时空是运动着的物质存在的基本形式,其性质主要通过它们与物体运动的各种联系而表现出来,本质上是物化的关系,对于主观意识时空、虚拟时空以及事物从无到有和从有到无的整个生命周期的表达存在不足。中国哲学观以"天人合一"思想从整体论和生成论的视角,围绕人的生存主题立论,在人与自然关系上构建起"天地人"三才的总体框架,把时空作为关系来研究事物的生成、发展和演化,是一种总体论和生成论的思想,重点关注了时空"无→有"和"有→无"的生成过程。

本书从时空认知的全生命周期过程出发,通过时空关系将中国哲学和西方科学融为一体,建立起了研究事物从无到有,从有到无的全

前 言

生命周期的一般模式、规律和发展秩序的思想、理论和方法体系——螺旋论。

螺旋论是根据所研究事物(也称之为系统)的定义,以时空关系来建立系统的全息的信息时空秩序,作为系统的生成信息(元系统),基于一物多相的理念,包含了系统过去、当下、未来的时空秩序,进而通过元系统来生成系统的所有要素。

螺旋论以全息理论实现了宏观与微观、部分与整体的统一;以"天人合一"的思想实现了合目的性和合规律性的统一;以"无"的思维方法实现了有限和无限、还原论和系统论、复杂和简单之间的统一;以时空秩序统一了"目的秩序""信息秩序"和"物质秩序",实现了"有"和"无"的统一;用方法论解决了"万物生于有,有生于无"的中国哲学和科学的统一,建立并形成了研究事物的"无→有→物→物→有→无"整个生命周期的一般模式、规律和秩序的方法,实现了部分和整体、微观和宏观、有限和无限、线性和非线性、简单和复杂、稳定与发展之间的统一,并在地理信息系统软件开发和企业经营中进行实践应用。

本书核心内容来源于作者从事科研教学、软件研发和企业经营过程中的思考。在本书的撰写过程中,得到了南京师范大学的闾国年教授的指导和帮助,中国电波传播研究所的曹冲研究员、北京大学的邬伦教授和南京师范大学的汤国安教授审阅了书稿,并提出了宝贵的修改意见,钱柯健绘制了本书的部分图表并进行了文字校验。在此对所有相关人员的贡献表示衷心的感谢!

时 空

1 引言 / 001
    1.1 西方的时空观 / 001
    1.2 中国传统时空观 / 003
    1.3 全息时空观 / 004
    1.4 全生命周期方法论 / 006
    1.5 文化和科技发展的必然性 / 007

2 人类科学发展的时空 / 017
    2.1 时空作为格式来研究事物的存在 / 021
    2.2 时空作为架构来研究事物的秩序 / 024
    2.3 时空作为关系来研究事物的生成、发展和演化 / 032

3 以时空融合中国传统文化和西方科学 / 059
    3.1 目前的发展趋势 / 059
    3.2 用什么来统一 / 061
    3.3 为什么是时空 / 062

4 螺旋论的理论和方法 / 065
    4.1 规律性和目的性的统一 / 065
    4.2 系统的全息对应 / 072

		4.3 系统生命周期的全貌	/ 084
		4.4 方法论的统一	/ 090
		4.5 系统的生成过程	/ 099
		4.6 螺旋论的全息多维时空	/ 105
		4.7 用螺旋论建立的系统的主要秩序	/ 108

5 螺旋论的需求元系统 / 125

    5.1 确定需求的定义 / 125

    5.2 由需求的定义生成系统的宏观秩序 / 129

    5.3 由需求的宏观秩序生成系统的信息时空秩序 / 132

6 螺旋论思维 / 137

    6.1 确定思维的定义 / 137

    6.2 由思维的定义生成思维的宏观秩序 / 139

    6.3 由思维的宏观秩序生成思维元系统 / 140

    6.4 螺旋论思维的方法 / 157

7 螺旋论在地理信息系统上的应用 / 185

    7.1 地理信息系统 / 185

    7.2 建立地理信息系统的元系统 / 201

    7.3 生成地理信息系统 / 203

8 螺旋论在经营上的应用 / 227

    8.1 生成企业经营元系统 / 229

    8.2 生成运行系统 / 255

参考文献 / 260

1 引言

时空,从词语的结构形式来讲,是时间与空间的简略集合名词。在《中国大百科全书·物理2卷》中写道:"时空,即时间和空间。在物理学上,它是事物的一种次序。空间用以描述物体的位形;时间用以描述事件之间的顺序。空间和时间的物理性质主要通过它们与物体运动的各种联系表现出来。"这是物理学上的时空,宇宙间的所有事物都在一定的时间和空间里运动变化,没有不在空间和时间中运动的物质。时间和空间渗透在一切之中,无时无刻不伴随着我们每个人,人们从孩提时代开始,就渐渐对自身生存的时空有了基本的认识,并各自都对此有着无限的遐想。如果没有对时间、空间的基本认识,人类就根本不可能认识自我,也不能把握自我。心理学家冯特认为,感觉是在空间和时间中组织起来的。这是感觉的、体验的、认识上的时空,任何学说最初差不多都是以感觉为知识的基本材料。因此,任何一门科学,从其建构之日起,就注定逃脱不了时空的"纠缠"。

1.1 西方的时空观

物质是宇宙组成要素之一,时空是运动着的物质存在的基本形式,其性质主要通过时空与物体运动的各种联系而表现出来。

(1)绝对时空观

在西方,古希腊的德谟克利特最早提出有独立意义的空间概念——

虚空,认为万物的始基是原子与虚空。原子和虚空都是无限的,因而空间也不是"创造"出来的。这种把空间作为"容纳"物质的独立实在的观点,后来被人们称为"实体论"的时空观,德谟克利特也被认为是近代机械唯物主义时空观的先驱。牛顿在前人的基础上系统地论述了"绝对空间"和"绝对时间"的概念,形成了静止状态下的绝对时空理论,认为时间、空间、物质是分离的,时间和空间是独立于物体及其运动而存在的。

(2)相对时空观

爱因斯坦在其狭义和广义相对论中,逐步完善了时空理论,形成了运动状态下的相对时空理论,而且明确提出时空一体和相互可以转换的概念。在广义相对论中,时空的性质不是与物体运动无关的。一方面,物体运动的性质要取决于用怎样的空间时间参照系来描写它;另一方面,时空的性质也取决于物体及其运动本身。20世纪物理学的两次革命成果之一的量子力学,证明了在微观上人的观察已经影响了量子的时空秩序,认为科学不可能客观地、不附加任何主观成分地获取"照本来样子的"世界知识。

(3)关系时空观

亚里士多德反对虚空说,认为不存在无物质的空虚的空间,只有充满着物质的"充实的空间",空间不是个别物体的广延性,而是某物体与包含着它的另一些物体之间的关系。亚里士多德的时空观把时空看作关系而不看作实体,所以后来被人们称为"关系论"的时空观。莱布尼茨反对牛顿的时空观,继承和发展了亚里士多德的时空观,认为空间是事物并存的秩序,时间是事物接续的秩序,空间和时间都是事物之间的关系,是纯粹相对的东西,而不是独立存在的实体。

1.2 中国传统时空观

据《尸子》一书记载,中国在战国时期就提出了"上下四方曰宇,往古来今曰宙",这里的"宇"和"宙"就是空间和时间的概念。对"宇宙"一词的解释明确了空间的三维性和时间的一维性,但没有明言时间空间是否存在界限、开端或终点的问题。

《庄子·庚桑楚》对"宇宙"的解释,把时间空间的无限性明确地表示出来。"有实而无乎处者,宇也;有长而无本剽者,宙也。"实,实在。处,方域、界限。剽,通标,指末端。本剽,本末,始终。既肯定了空间的实际存在,又没有把空间完全等同于物质实体;既肯定了时间的不断流逝,又不否认时间的无限性。同《尸子》的解释比较,《庄子·庚桑楚》的解释强调了时空的无限性,但忽视了时间空间的维度。

唐代陆德明《经典释文》引《三苍》云,"四方上下为宇,宇虽有实,而无定处可求也","往古来今曰宙。……宙虽有增长,亦不知其始末所至者也。"

把两种解释合在一起,较好地表述了时间空间的特性,但它还不能从特殊的可感知的实物中抽象出一般的时空的概念。因为中国先贤了解存在,不是从静态的既存之物入手,而是从动态的生成过程着眼。

中国传统哲学"天人合一"思想是围绕人的生存主题立论的,在人与自然关系上构建起"天地人"三才的总体框架,并不认为自然界是一个纯粹量化的体系,因此也没有建立一个完全脱离精神和物质的纯粹测度时间的体系。在宇宙观上,是宇宙一体、天人相通、天人合一的思想。在方法论上,注重的是时空关系,而不是纯粹的时空测度。无论是易经八卦,还是阴阳五行,都不仅是一个时空关系系统,还是一个时空运演系统。

1.3 全息时空观

信息,从狭义而言,是指音信、消息;通信系统传输和处理的对象,泛指人类社会传播的一切内容。人通过获得、识别自然界和社会的不同信息来区别不同事物,得以认识和改造世界。在一切通信和控制系统中,信息是一种普遍联系的形式。美国数学家、控制论的奠基人诺伯特·维纳在他的《控制论(或关于在动物和机器中控制和通信的科学)》中认为,信息是"我们在适应外部世界,控制外部世界的过程中同外部世界交换的内容的名称"。信息,从广义上而言,是客观事物存在、联系、作用和发展与运动变化的反映。因此,信息也是宇宙万物的组成要素之一。

现代宇宙学的大爆炸宇宙论认为,宇宙创生相应的时间约为 10^{-44} 秒。创生之前,对称性极高,不能区分出自然界的四种基本相互作用,它们是统一的,宇宙创生是"道生一",是从"无"到"有",(实)时空(从虚时空)产生出来,逐步演化到了我们所面对的宇宙。世界万物,包括人都是由宇宙最初的能量演化而来的,也就都统一于能量,根据能量守恒定律,如果我们把宇宙系统作为研究对象,从能量的角度,整体等于部分之和,也就是说部分和整体之间是简单的线性关系。

爱因斯坦的质能方程 $E=mc^2$,揭示了物质质量与能量的关系,其中 E 为能量,m 为质量,c 为光速。这个质能方程更深刻地揭示了复杂和简单之间的统一,宇宙万物无论形态、功能多么复杂,多么千差万别,和能量之间也只是简单的线性关系。

宇宙范围内的系统从物质循环和能量转化的角度来讲,整体等于部分的总和,那么花开花落,千变万化,统一和谐、结构有序的有机整体是如何做到整体大于部分的总和而实现发展的呢？

系统论表明，整体是部分以一定的结构形式互相联系、相互作用着的，从而使事物的整体具有其组成部分在孤立状态中所没有新的属性和规律，结构是要素的秩序，是系统的时空秩序。系统的结构有序性的程度，标志该系统包含的结构信息量的大小。按照普里高津等人的看法，信息就是"负熵"，是不确定性的消除。因此，结构信息量愈大，熵越小，诸要素间的相互作用愈强，整体性能愈大。系统由低级有序到高级有序，系统整体上质的飞跃，正是结构信息量增大带来的结果。要素间的有序结构导致系统整体功能大于孤立部分功能之总和。根据这个理论，如果结构的信息包含了系统的全部信息，我们称为全息，也就达到了部分和整体的统一，每一部分中都包含着其他部分，同时又被包含在其他部分之中，则系统是最优化的。

全息所包含要素的有序联系不是系统结构所体现的静态联系，应该是动态的，且能有目的地演化和发展，事物总是力图按照全息秩序所确定的模式来复制新事物。就好比细胞克隆技术利用一个动物细胞可以复制出相同的动物，正是因为这一细胞包含了这个动物的全部遗传信息。而一棵树，如果基因只是一种灌木，它就绝不可能长成参天巨木。它的树叶虽然每一片都与另一片不同，但所有的树叶，却都从属于一种基本的形态和类型，这表明确实存在着约束一种树生长发育的内在秩序。

这种秩序生物学家有时称之为"遗传密码"，指来自遗传基因中的信息组织。这种基因信息就是全息时空，是物质的"灵魂"，决定了生物的形体、外貌，由生到死的整个发展变化过程。而且这个时空秩序在"物"生成之前就已经存在，贯穿于物的整个生命周期，"物"的时空秩序不是被动的呈现。

全息时空是一个事物全生命周期的时空秩序,控制事物的开端与结果、事物发展的大过程和小过程,事物自身的物理时空是生成的,即用于表达事物自身的存在与变化的时空是生成的,是全息时空的"投影";全息时空是系统各部分之间全部时空关联的统一整体,子系统包含着系统的全部时空关系,各子系统之间、各子系统与系统之间的时空关系全息对应。

1.4　全生命周期方法论

正如现代宇宙学所表明的,整个观测宇宙有其从无到有的历史,处在发展演化之中,种种的微观粒子也是有生有灭,"万物皆流,无物常驻",一切都将被时间席卷而去,其中某一种事物具体的存在形式都是有其相对的稳定性的。宇宙本身是一个大循环,宇宙中万物的生死是宇宙生命中的一个个小循环,就如同人身体里的细胞的新陈代谢,死亡是个体回归整体,也是生命的另一个阶段,另一个循环。

因此,本书通过研究时空秩序从无到有,从有到无,在系统的部分与整体,宏观与微观,乃至跨层次的整个过程中的传送和转换;研究贯穿所有层次的普遍规律和层次间跃迁的共同规律,提出了全息时空的方法论——螺旋论,"天下万物生于有,有生于无",螺旋论就是通过时空关系和时空秩序来建立涵盖事物全生命周期的方法论,即包括"物""有"和"无"。不但将已有还原论、系统论包容进来,而且还能够赋予新的特性,赋予新的生命。

1.5 文化和科技发展的必然性

1.5.1 时空压缩背景下的需求

从古到今,人类从经验的角度,随着科技的进步,人们对时空的体验发生了翻天覆地的变化。

科技的目的是增强或者代替人的功能,从而为人类服务,如交通工具增强的是人的行走的功能,将地球压缩成了一个"地球村"。比如,在18世纪从美国的东海岸步行到西海岸,需要花两年时间;19世纪坐马车需要四个月;20世纪初乘火车耗时四天;现在乘飞机不到四个小时。科技的发展使得过去花费在缓慢路途上的大量时间被节省出来,可以做更多的有用的事情。雷达、望远镜、各种传感器和通信技术增强的是人的感知能力,包括视、听、触等;计算机增强的是人的大脑的功能,随着云计算、大数据、人工智能等技术的发展,未来会形成超级大脑。

在未来的世界里,随着物联网的发展,每一件物体都有传感器,利用高速通信技术实现数据交互,机器、交通工具、家居用品、手机、人等都有独立的IP,一切物体都可控、可交流、可定位,彼此协同工作。世界上几乎所有东西都可以被联接在一起,随着感知、联接、数据和计算技术的发展,人类能感知地球的瞬息万变,其结果是改变了人对时空的表达和感受,时空被压缩了。

"时空压缩"(Time-Space Compression)是美国的戴维·哈维(David Harvey)在其《后现代的状况》(*The Condition of Postmodernity*)一书中提出的一个重要概念。哈维认为,现代性改变了时间与空间的表现形式,并进而改变了我们经历与体验时间与空间的方式,"强大的发明潮流,集中聚焦在加快和快速的周转时间上。决策的时间泛域(现在已经是国际金融市场上分秒必争)缩短了,而且生活方式的风尚变换也越来越迅速。这一切伴随了空间关系的激烈重组、空间障碍的进一步消除以及一个资本主义发展的新地理形势的浮现。这些事件,引发了强烈的时空压缩的感受,影响了文化和政治生活的每个面向。"

"时空压缩"的现实及人们的体验都是现代化发展的产物,现代科学技术革命首先是信息革命,在以光速传播的数据和信息的作用下,"时空压缩"还会大大加速。

"时空压缩"的体验尽管令人兴奋,但同时也令人担忧。从近代全球化、信息化开始,生产周期就变得越来越短,时尚变化越来越快,有些产品一旦发布,几乎可以在世界的绝大多数国家和地区即时获得,所有的东西都变得如走马灯一般瞬息万变,人和事都经历着时空被"压缩"的过程。

"时空压缩"将我们压缩到同台竞技的"国际舞台"上,为个人、企业,甚至国家带来巨大的机遇和挑战,具有正面和负面的双重效应。

这个世界上存在多种生态系统,比如自然界是一种生态系统,人类也是一种生态系统,资本和金融是一种生态系统,工业是一种生态系统,信息产业也是一种生态系统,每个生态系统都有自己的运行规律,表现出不同的时空秩序,系统与系统之间相对比较独立。

随着科技的发展,万网互联时代的到来,"时空压缩"突破了原有的时间和空间的限制,这些系统原来的界限将被打破,走向共融,形成一个更大的"大生态系统",以至于最终让我们感到现存和变化就是全部的存在和变化。时空把原有的多种生态系统压缩到这个"大生态系统"之中,将人、机、环境甚至人的意识都联接在一起,对于时空的需求就不只是各类有形事物存在与运动的参照系,同时也是物质世界和信息世界共同发展、演化的参照系,虚拟时空和实体时空将统一于时空关系,生成信息时空秩序。

时空表达的不只是实体的规律性,还有系统的目的性;不只是机器获得了智能,而是人、机、物等各系统组成的大的生态系统的虚实融合的群体智能,是群体和个体合规律性和合目的性的统一。

因此,需要建立以时空为视角的全息时空的方法论,为人、机、物等所有系统建立统一的思维模型和系统模型,生成、协同各系统的生存、发展和演化。

1.5.2 信息化到智能化发展的需求

现代信息社会,推进的是电子信息革命,如果说以往的科技革命都是物质资源及其应用的革命,那么,现代科技革命则使人类对劳动资源的应用转向对以信息资源为主的应用。

由于数字技术的发展,物质(模拟)信息转换为数字信息后,信息资源的作用就得到了空前的发挥。其真正的发端是数字化,即所谓的"比特革命";然后进入网络化,就是将世界的万物都连接起来,实现互联互通,服务于信息的传输和交换,即所谓的"网络革命"。

网络革命突破了时间和空间的限制,企业的成本、加工工序和配套都透明了,会让分工更加细化,原有的加工企业先细化成为车间,再细化成工序,谁控制了产品的设计研发、生产、销售各个环节的流程,谁就控制了这个产品的产业链,谁就控制了这个产业链的利益分配,而且这种流程控制往往是跨越国境的。

顶级的设计控制中心会通过流程控制将多个行业的产业链统一起来,改变产业链的生态,用网状结构替代链状结构,成为控制全球产能、定价权的产业链核心,而众多同类化的加工型企业会面临比以往更激烈的价格竞争,如果将来3D打印发展成熟,生产环节的门槛会更低,而且都是个性化生产,因此即使是工厂性企业也将变成智能工厂和智能生产。

互联网和物联网等信息技术的发展,使得信息成为人类生存和发展的基本手段之一,信息环境成为人类发展的基础环境,信息革命的基本特征是使人类劳动日趋智能化,智能和信息资源的贡献率越来越大,已经超越体能与物质资源的贡献。

现在正是信息化到智能化的发展阶段,智能是智慧和能力的合称,感觉、记忆、回忆、思维、语言、行为的整个过程称为智能过程,智能系统不仅能够在实践中不断地充实知识库,具有自学习功能,还有搜集与理解环境信息和自身的信息,并进行分析判断和规划自身行为的能力。

《科技想要什么》一书中给出一个科学家最新研究的惊人结论:无论生命的定义是什么,其本质都不在于细胞、机体组织或肉体这样的物质,而在于看不见的能量分配和物质形式中包含的信息。

同样,随着量子力学的发展,发现在微观层面,物质的内核也离不开观念和信息。未来的信息技术将呈现"网络极大化、节点极小化"的基本特征。无所不在的网络将人、机、环境甚至人的意识都联接在一起,未来世界人类的活动、财富甚至社会关系,不仅在实体空间(物质世界)而且在虚拟空间(信息世界)得到极大扩充;不只是机器获得了智能,而且人、机、物等各系统组成的大的生态系统获得了虚实融合的群体智能,这就需要建立一个统一所有系统全生命周期的方法论。

虚实融合就是以非物质的信息流为基础的,虚拟时空和实体时空将统一于信息,成为"时空"概念不可分割的一体两面,事物的时空被感知和控制的基础是时空被人的目的性和事物的规律性所信息化和秩序化,即信息时空秩序。

本书就是以时空来融合中国传统文化和西方科学,进而建立一种研究事物"从无到有,从有到无"全生命周期的方法论——螺旋论。

1.5.3　中国传统文化和西方科学融合的需求

1972年,英国史学大师汤因比代表欧美学术界宣言:要继续推动世界发展必须学习中华传统文明与犹太文明中的精华。文化与科技密不可分,文化是科技发展的基础底蕴和最强动力,中国古代人对大千世界特殊的观察方式及独特的思维方式,创造的东方智慧和取得的辉煌的科技成就曾让西方人叹为观止。

近2500多年以来,有将近20个世纪的岁月里,中国古代曾取得过辉煌的科技成就,无论是在数学、医学、天文学等理论科学方面,还是冶金、纺织等应用技术方面,中国古代的科学技术一直居于世界的最前列。但中国传统文化重直觉而轻逻辑,重整体的综合而轻具体的分析,在伽利略—牛顿经典科学的思维方式取得巨大成功,西方哲学进入分析主义和还原论思潮的全盛时期后,中国从16世纪中后期渐渐丧失了作为世界科技中心的地位。

而随着系统论、协同论、耗散结构论、混沌理论、生态科学等复杂性科学理论的形成和发展,当代科学范式正在进行着重大转型,中国传统文化"天人合一"的整体观在科学范式的转变中越来越得到支持,正如科学史家萨顿所说"科学必须人性化"。如何借助中国传统文化中的"天人合一"、整体论、生成论的思想与智慧,推动中国当今与未来的科学发展走向自主创新,引领世界发展之路,已经成为时代的呼唤和历史之必然。

西方的近现代科学以"心物二分"为前提,所研究的是"物→物"之间的关系,以牛顿创建的"绝对时空"作为架构,重点对物质构成与空间运动进行分析,发展成了还原论。

复杂性科学理论出现于20世纪中叶,复杂性科学理论虽然多种多样,但它们围绕的一个共同的主题是系统的自组织演化过程及其内在机理,其研究范围已经开始往"有"的方向延伸,即"有→物→物→有",但仍然主要局限于"物"的研究。

中国先贤了解存在,不是从静态的既存之物入手,而是从动态的生成过程着眼,是一种彻底的生成论,如老子的"反者道之动,弱者道之用。天下万物生于有,有生于无"。其研究的重点范围是"无→有"和"有→无"。如果将中国传统科学和西方科学融合,就涵盖了事物的整个生命周期:"无→有→物→物→有→无"。本书以时空的角度回顾人类科学发展的历程,分析其内在的联系,通过时空关系将中国的传统哲学和西方的科学融为一体,并建立了新的理论和方法体系。如果实现中西科学范式走向真正的融合,对中西科学范式双方都具有重要的意义。

科技是手段,人生是目的,经营是用手段达到目的,是规律性和目的性的统一。笔者在15年的科研、技术开发、企业经营和6年以上教学实践等的基础上,通过不断总结、提炼,建立了研究事物"无→有→

物→物→有→无"全生命周期的方法论——螺旋论。运用到实践中,用螺旋论为技术、经营和人生建立了统一的研究模型。比如,应用"螺旋论"开发的基础平台软件SuperEngine,在空间数据库系统、计算机图形系统、地理信息系统和时空数据管理上取得了整体的颠覆性创新,创立了新的、适合于互联网的时空数据管理和计算机图形学的理论体系,并已经授权了十多个发明专利。经过测绘、电网等多个行业权威部门检测,比传统的计算机图形系统性能提高百倍以上,如果数据量足够大,性能提高可以达到上千倍,甚至上万倍,解决了因数据量的爆炸式增长给系统带来的性能瓶颈,解决了系统在全功能、高性能、低成本之间的矛盾(如表1.1所示)。

表1.1 江苏省地理信息中心与中国电力科学院的性能对比测试报告[1,2]

a.地图显示的性能对比测试

要素数据量	SuperEngine		ArcGIS	
	时间(秒)	网络传输数据量(KB)	时间(秒)	网络传输数据量(KB)
25M	<1	29	202	10043
50M	1	45	403	20069
100M	<2	63	781	39013
200M	<2	77	1605	80176
300M	2	81	2354	117625
500M	<3	119	3885	194127
800M	<4	163	6223	311135

b.标签避让计算时间的对比测试

数据类型	数据名称	要素个数(个)	SuperEngine计算时间(秒)	ArcGIS计算时间(秒)
点	poi_3W	30018	0.003	52
	poi_6W	61250	0.004	305
	poi_15W	150028	0.005	3274
	poi_50W	500008	0.005	超过14400秒(4小时)时间过长,无法继续
	poi_100W	1000015	0.005	—
	poi_150W	1500024	0.005	—
	poi_200W	2000032	0.005	—
	poi_250W	2500040	0.005	—
	poi_300W	3000048	0.005	—

2007年11月份,笔者创立了苏州芯图地理信息技术有限公司,公司最初由5名员工组成,其中2名是刚毕业的专科学生,进入一个完全陌生的电力行业,正好遇上经济不景气,在一系列不利的条件下,公司按照螺旋论建立的"经营运作模型"进行经营运作,解决了规律性和目的性的统一,公司前期投入不到5万元人民币,经过1年多的时间,公司的价值在2009年达到1亿元人民币,净利润800多万元人民币,而公司只有12名员工,其中8名大学毕业不到一年。

SuperEngine的开发和苏州芯图公司的经营运作,都可以看作一个系统,构成系统的要素之间有线性和非线性两种关系(如图1.1所示),"非线性A"表示的是发展,是有限到无限的秩序;"非线性B"表示的是稳定,是无限到有限的秩序;而线性则是实现这两种秩序的方法、途径,体现的是复杂和简单的统一,稳定和发展的统一。系统如果能实现"非线性 A""非线性 B"和线性三者的统一,从时空秩序上就会呈现螺旋式的发展。螺旋论就是从理论的角度来论述如何实现上述三者的统一,让我们在技术、经营和人生等方面走出我们最想要的曲线。

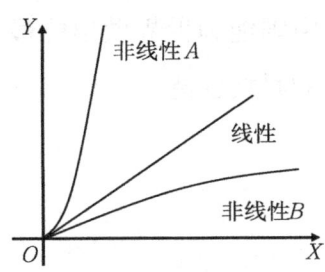

图1.1　线性和简化的非线性曲线

"自主创新,方法先行",加强科学思维和科学方法的研究与创新,是建设创新型国家的必然选择。在科学技术发展历程中,每一次重大突破,都源于新思想、新方法的创新及其应用。

本书涵盖了思想、理论和实践三个层面,螺旋论来源于实践又指导实践。我们正处于一个转折的时代,从工业文明时代走向信息文明时代,从信息社会的数据化、网络化发展阶段,进入虚拟化、智能化的发展阶段,信息化逐步成为主角。网络成为人类的基本生活方式,在人与人、人与物、物与物等互联的基础上,"一网打尽"逐步从梦想成为现实,虚实融合是未来的新世界,人类的生产方式、商业模式、生活方式、学习方式和思维方式等都将发生深刻的变革。就在这个重大的转折点,前后两个文明时代交相辉映的时期,以中国传统文化融合西方科学所建立起来的思想、理论和方法体系——螺旋论,以全息理论实现了

时 空

宏观与微观、部分与整体的统一;以"天人合一"的思想实现了合目的性和合规律性的统一;以"无"的思维方法实现了有限和无限、还原论和系统论、复杂和简单之间的统一;以信息时空秩序统一了"有"和"无",用方法论解决了"万物生于有,有生于无"的中国哲学和科学的统一。这再次证明中国传统文化的博大精深,证明中国传统文化的包容性和先进性,21世纪中国能为世界做出的最大贡献,一定是中华文化以及根植于中国文化的科技创造。

2 人类科学发展的时空

老子在《道德经》中说"反者道之动,弱者道之用。天下万物生于有,有生于无""无名天地之始,有名万物之母"。他把"有"和"无"当成相互对立的两个哲学范畴,同时,"有"和"无"又是相互统一的。"故常无欲以观其妙;常有欲以观其徼。此两者同出而异名,同谓之玄。玄之又玄,众妙之门。""无"和"有"是"道"产生天地万物时,由无形质演化到有形质的活动过程。"道"化育万物,而生成、生长、循环是"道"化育万物的基本模式,宇宙本身是一个大循环,宇宙整体和万物均有生命,只是等级不同。而万物的生死是宇宙生命中的一个个小循环,就如同人身体里的细胞的新陈代谢,死亡是个体回归整体,也是生命的另一个阶段,另一个循环,因此"反"也是返,回归到"道"中。

庄子说:"其分也,成也;其成也,毁也。"[3]这里"成"则指分化生长直至毁灭。这是中国宇宙论的基本概念。这句话可以概括为"无→有→物→无"的公式,形成了中国传统哲学生成论的模式和框架。

《道德经》讲循环,因为"道"是不变的,最后只是回到原地的循环,但在生死之间,生命周期之中也有发展、质变,也有很多循环,不停地和环境进行物质、能量、信息的交换。因此,这个模式可以这样来描述:"无→有→物→物→有→无"(如图2.1所示),也可以描述为:"0→

1→N→N→1→0",其中,0表示无,1表示有,N表示物,物是由很多要素组成的。

西方的近现代科学以"心物二分"为前提,所研究的是"物→物"之间的关系,即"N→N",其研究范围是"物→物"关系层面,以牛顿创建的"绝对时空"作为架构,重点对物质构成与空间运动进行分析,形成了以原子论为基础的构成论、机械论的研究传统。

复杂性科学理论出现于20世纪中叶,复杂性科学理论虽然多种多样,但它们围绕的一个共同的主题是系统的自组织演化过程及其内在机理,可以统称为系统科学。系统能够通过内在要素之间的协同作用,通过分叉与突变,重新组织自身,形成新的有序结构,以此来适应环境的变化,系统是自组织,演化生成的,其研究范围已经开始往"有"的方向延伸,即"有→物→物→有",或"1→N→N→1",但仍然主要局限于"物"的研究,重点对具体系统在远离平衡态条件下的演化过程,对临界点、影响涨落的具体要素等进行定量研究。虽然爱因斯坦的相对论证明时空是相对的,但系统论中仍然把时空作为架构。

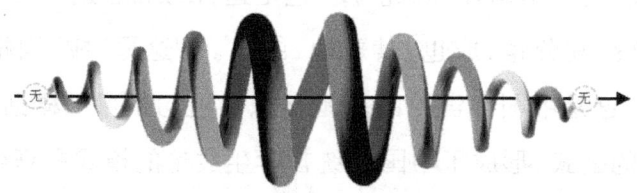

a. 系统的全生命周期

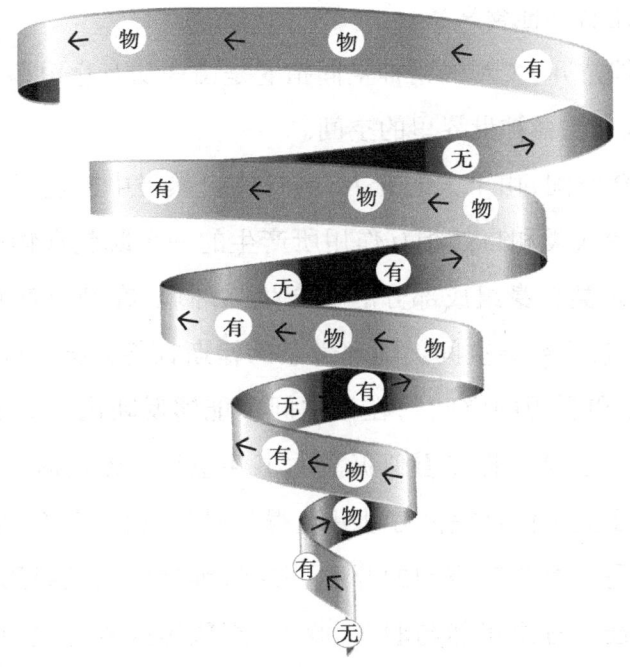

b. 系统发展的片段
图 2.1　系统的循环模式

　　中国先贤了解"存在",不是从静态的既存之物入手,而是从动态的生成过程着眼,是一种彻底的整体论、生成论。其研究的重点范围是"无→有"和"有→无",即"0→1"和"1→0"。中国传统哲学中"天人合一"的思想,围绕人的生存主题立论,在人与自然关系上构建起"天地人"三才的总体框架,并不认为自然界是一个纯粹量化的体系,因此也没有建立一个完全脱离精神和物质的纯粹测度时间体系,类似于西方哲学绝对时空观的观念。

　　中国传统哲学实际上是把时空作为关系来研究事物的生成、发展和演化。其实时间和空间本身就具有多种含义,比如空间,除了物理

概念之外,还有其他含义:

(1)精神空间,主观的精神空间指的是由一切有意识和无意识的心理事件所构成的精神世界里的空间。

(2)社会空间,由于人的介入,纯粹的自然当中出现了人文地理的景观,它是由人类和自然相互作用所产生的一个既包含物质又包含精神的,作为人类自身组成部分的社会生活环境,在纯粹客观的空间出现了高度复杂的社会空间。地理学家约翰斯顿将社会空间定义为"社会群体感知和利用的空间",在该空间中能够反映出社会群体的价值观、偏好和追求等。许多看似孤立的事件也往往都与时空有关,如个人就业,表面上仅仅是提供劳动并获得报酬的过程,然而,联系到空间来看,它就是一个生存空间的开辟、占据、维持的漫长经历,而扩展到社会群体,社会分层虽然与职业、收入、声望等因素有关,可在很大程度上,它又是按照复杂的差异化的时空形态进行分布的。因此人类社会的时空秩序,是一个更为复杂的时空秩序,随着"时空压缩"的加剧,人类交往越来越密切,群体越来越庞大,就需要建立更科学有效的时空秩序。

由上述分析可以发现,中国传统科学和西方科学的融合,就涵盖了事物的整个生命周期:"0→1→N→N→1→0"。霍金等关于"宇宙产生于无"的探讨和论证也说明,西方科学在世界观层面也在向中国传统哲学"有生于无"靠拢。中国传统哲学思想,受到当代系统思想家的高度重视,著名科学家普里戈金相信:"我们正是站在一个新的综合、新的自然观的起点上。也许我们最终有可能把强调定量描述的西方传统和着眼于自发自组织世界的中国传统结合起来。[4]"普里戈金在首次访华的演讲中指出:"西方科学和中国文化对整体性、协和性的理解很好地结合,这将导致新的自然哲学和自然观"[5]。

既然任何一门科学,从其建构之日起,就注定逃脱不了时空的"纠缠",那么就让我们以时空的视角来回顾人类科学发展的历程,分析其内在的联系,建立融合中国传统科学和西方科学的理论和方法体系。

2.1 时空作为格式来研究事物的存在

虽然感性的东西并不一定是科学的,但任何学说差不多最初都是以感觉为知识的基本材料,即使是牛顿发现万有引力也是源于最初树上掉下来的一个苹果。产生一切思想根源的感觉,都离不开时间和空间。

康德明确提出人类的一切知识都开始于感性直观,即开始于在时空中所把握到的东西,时间和空间意识不是从感觉经验中得来的,它是人类的先天的直观形式。康德在时空观上的贡献是将时间和空间范畴引入认识论,而从前的哲学家都视时空问题为自然哲学问题,没有意识到它是知识论问题的基础。

爱因斯坦也认为,时间和空间只是直觉的两种形式,和我们对颜色、形状和大小的概念一样,同样不能离开意识而存在。"空间,除了借我们所发觉的客观事物的顺序或排列来认识它之外,并无客观的实在;时间,除了我们借事情发生的先后次序来量度它之外,没有独立的存在。"我们感觉到的外物有时并非外界真实的存在,比如颜色,一块涂有红绿相间的方格图案的桌面,你若稍远些看去,必见桌面呈现出紫色,这个紫色是由我们的感觉器官产生出来的。

康德认为必须严格区分现象和物自体,他提出,在人的内外直观中所出现的只不过是关系,就是说,内外感官提供给我们的仅仅是关系的表象,而不是事物"本身"或其内部的属性。外感官表象包含对象和主体之间的关系,内感官表象包含主体对自己的关系;而即使后一种关系也并没有将主体(心)本身呈现出来,只有通过这个主体的自我相关(自我意识)的经验表象显现出来,因为人心本身也同样是"物自体"。所以感官对象的表象并不包含物自体在内,而只包含对象与对象、对象与主体、主体与自身的相继和并存关系,它们只能在外感官受到物自体的刺激或内感官受到人心本身活动的刺激时,通过内外感官的先天直观形式才能出现。这就是对现象(作为感官对象)的观念性的确证。他还认为,恰恰是在我们不承认感官对象的这种观念性,而要把这些现象当作物自体、把时空看作物自体的客观实在形式时,才导致一切对象都成为假象,乃至连我们自己的存在也成为假象[6]。

那么我们所感觉的事物是什么呢?和时空是什么关系呢?我们常人看花是红色的,而色盲看去是紫色的。这样的感觉对于本人都是真的,而物理学知识告诉我们外界并无色,而只是波幅。但我们所感觉的却是色,并且以为色真实存在于外界。其实我们的感觉往往都是"幻相",那么这个"幻相"是怎么产生的呢?

相对于我们而言,有外界的秩序,作为生命体也有我们内部的秩序,感觉实际上是我们内部的秩序和外界的秩序相交而产生的"幻相","秩序"的原意是指有条理、不混乱的情况,是"无序"的相对面。按照《辞海》的解释,"秩,常也;秩序,常度也,指人或事物所在的位置,含有整齐守规则之意。"

从法理学角度来看,美国法学家博登海默认为,秩序意指在自然进程和社会进程中都存在着某种程度的一致性、连续性和确定性。一般而言,秩序可以分为自然秩序和社会秩序。自然秩序由自然规律所支配,如日出日落、月亏月盈等;社会秩序由社会规则所构建和维系,是指人们在长期社会交往过程中形成相对稳定的关系模式、结构和状态。

杨槐对"秩序"的描述是:"科学在思想中给予我们秩序;道德在行动中给予我们秩序;艺术在可见、可触、可听的把握中,给予我们秩序。追求清晰的模式,带给群体稳定的平衡,人的内心总会期待某种秩序。某天我们能静谧而适宜地交出自己,身心就将归属于某种秩序。如同河水流入大海,花朵凋谢入泥,果实熟透坠地,有盛衰有始终,却没有欠缺。我们会无所贪爱,但贯注神情。"

"幻相"也是一种秩序,虽然我们知道感觉上的秩序并不真实,却是由内外秩序作用下产生出来的,感觉到的紫色虽非红绿两色,然若没有外界的红绿两色和我们的感觉器官的相互作用,则紫色也必不能出现。也就是说,感觉和内外秩序相关,色盲的视觉秩序和我们常人不同,即每个感觉都存在一个相对应的秩序,如果相对应的秩序发生变化,"幻相"也发生变化。

感觉不是外物的代表,反是个"遮障",即佛家的"着相"。执着于相,我们可以造成各种不同的东西,我们亦就此困在所造成者之中。我们大部分生活即在于此中,天天以这些为对象,为伴侣。柏拉图有一个比喻,说人类是困在地穴中,只有一个背阳的小孔向外,从此孔而外窥则只见许多阴影。时间是表达事物的变化,是一切事件过程长短和发生顺序的度量,具有一维性。而"幻相"的变化,让我们更加深入的认识外物的秩序、我们内部的秩序以及"幻相"背后的秩序,而这些秩序都可以归结为时空秩序。

海森伯曾说,我们观测的不是自然本身,而是由我们用来探索问题的方法所揭示的自然[7]。由此可见,主客体是相互影响、相互作用的。量子力学的发展表明,不存在一个客观的、绝对的世界,唯一存在的,就是我们能够观测到的世界。物理学的全部意义,不在于它能够描述出自然"是什么",而在于它能够明确,关于自然我们能够"说什么"。

不存在相互完全独立的主观时空和客观时空,因为主观和客观本来就不能完全独立开来,他们的时空也是相互作用的,量子力学就是实证,我们的意识影响了量子的时空秩序,体现了主客体之间的时空关系。

2.2 时空作为架构来研究事物的秩序

人类的生存需要与环境相协调,包括需要与自然环境相协调,也需要社会群体内部相协调。感觉上的时空,是一种主观时空,是相对时空。为了能够相互协调,需要能在各自的感觉时空之间进行坐标转换,即甲的坐标系可以转换到乙的坐标系,这样的转换便构成了一个公共的时空结构。客观的、绝对的、唯一的,而又均匀的,并属于外界的绝对时空观,则是由牛顿建立的,是一种宇宙的时空观:时间是变化的抽象,空间是存在的抽象,时空是宇宙的存在与变化,即宇宙运行的抽象,其内在的规律表现为时空的秩序,将时空当作架构,研究宇宙万物的时空秩序。

从唯物主义的角度来看,时间是流动的物质空间,空间是凝固的物质时间,二者一纵一横,一动一静,互相交织,构成了宇宙的网络架构,物质便存在于宇宙的四维的网络架构之中。空间是物质的存在形式,如果物质不占有空间,或者占据无限的空间,那么空间的客观与广延特性就很难令人理解,然而对于最大和最小的两个方向的探索,伴随人类进步的步伐从来没有停止过。西方一直认为世界是由物质组成的,因此就一直试图找到组成世界的最基础的物质,最早的古希腊哲学家寻找万物的始基,就是在找空间的最小边界,在找占据这种最小空间的"物质"。

2.2.1 寻找万物的始基

希腊早期哲学家就致力于探索组成万物的最基本元素——"始基"(也可以译为"本原"),"始基说"是本体论的最早萌芽,这种思维方式的出现是人类抽象思维能力的提高,使人类摆脱了原始社会以来的神话解释方式,是人类哲学史上的一次跃迁。

泰勒斯(Thales,约公元前624—约前547)提出了"水是万物的始基"这一命题。按照泰勒斯的命题,世界在不断地运动和循环变化之中,生生不息的世界具有统一性,是可以通过把握其始基来整体性地把握的。

毕达哥拉斯(Pythagoras,约公元前580—约前500)学派则提出"数是万物的始基"的命题,这个命题比泰勒斯的命题具有更高的抽象性。恩格斯指出:在毕达哥拉斯思想中,"数服从一定的规律,同样,宇宙也是如此。于是宇宙的规律性第一次被说出来了。"[8]在毕达哥拉斯学派看来,数体系的和谐就是宇宙的和谐,而且也是社会秩序的和谐、音乐的和谐。于是,数学体系就反映了宇宙体系,数学结构就代表了宇宙结构,数学关系就代表了宇宙自然过程。

赫拉克利特(Heraclitus,约公元前540—前480)认为,世界万物的始基是火,一切都是火的变形,火变成万物,万物复归于火。这个始基的侧重点不是某种实物或实体,而是过程和流变。世界系统是一个过程系统,赫拉克利特为后人奠定了一种过程世界观的基础。而且,世界的永不停息的运动变化是有规律、有秩序的,这个事物的规律、秩序是火的属性,叫作"逻各斯"。要认识逻各斯也就是"要抓住:整体的东西和非整体的东西,接近的和分离的,和谐的和不和谐的,从一切事物而有一个事物和从一个事物而有一切事物"[9]。赫拉克利特提出了整体和部分的辩证关系,成为古希腊朴素辩证法的奠基人。

德谟克利特(Demokritos,约公元前460—约前370)是古希腊原子论的创立者,按照德谟克利特的宇宙系统论,世界的始基是原子,不可分的原子结合起来就形成了万事万物,甚至灵魂也是由精细的原子构成的。德谟克利特以其原子论强调了系统的要素,他实际上也就肯定了系统总是由要素组成,终极要素构成了系统,同时也决定了系统。

苏格拉底(Socrates,公元前468—前399)注重道德哲学,反对研究自然,他认为可以通过问答和批评讨论来揭示事物的真谛,奠定了辩证法的系统运用。

柏拉图(Platon,公元前427—前347)作为苏格拉底的学生,继承了老师的学说,创立理念论来对抗原子论。柏拉图认为几何学表达了理念界的永恒的完美性,世界是有层次的。首先,可见世界和可知世界是两个不同层次,几何体——两种三角形是物质世界的真正组成元素。其次,理念也是一个等级系统,也就是从具体事物的理念,到数学和科学的理念,再到艺术和道德的理念,直至最高级的"善"的理念。柏拉图还对知识进行了分类,形成了关于知识的等级学说。他的知识等级如表2.1所示[10]。

表2.1　柏拉图的知识等级

可见世界		可知世界	
影像	实际事物	数学对象	理念
①想象(猜测)	②信念(相信)	③理智(知性)	④理性(理解)
意见		知识	
第一部分		第二部分	

由古代的泰勒斯认为"水是万物的始基",发展到近代的笛卡尔的"实体"论,最后在黑格尔那里本体论发展到最高峰,他建立了一个以绝对精神为核心的庞大的形而上学的哲学体系。传统形而上学是以本体论为最高目标的哲学,它以探究世间万物的最高本体、第一原因、终极存在,并用之说明万物的存在和运动作为自己的根本使命。本体论的思维方式实质在于寻找一个最高的存在——或为实体,或为理念,或为自在之物等去统摄现存生活世界、说明和解释现实世界。人的任务是认识这个世界的本质和规律,事物的存在和发展完全由本质和规律所决定,人只是站在世界之外观看世界的存在和演化,是宇宙之外渺小的旁观者、解释者。

这种思维方式把世界一分为二,划分为主体世界和客体世界,把人与自然、心灵与世界先在分开,处于完全对立的关系之中。唯心主义把这一世界归于精神,而唯物主义将其本质归为物质,都从一个外在于人的东西出发,并以其论证世界的统一性和客观性。从伽利略开始,世界成为一种实在的自我封闭的、自在的客观世界,人生来就是自然之外的旁观者和主体,而自然只是按照力学法则运动的独立自存的实体事物,是消极被动的待人开垦和施动的客体对象。一旦把握了事物发展的始源状况和演化规律,人便可以推演整个发展过程。牛顿建立了"绝对时空观",牛顿力学使这种物理的、机械的、还原的思维方法成了一个包治百病的"药方",用于近代的几乎一切领域。这种还原论的滥用,也为它的轰然倒地埋下了伏笔。

2.2.2 近代建立的机械论的自然观和还原论的方法论

近代科学以原子论研究纲领为自己的坚定信念,逐步建立了还原论。它相信,整体的有组织的事物可以拆分为部分来研究和理解;事物的复杂性只是表面现象,经过不断的分析就可以把复杂的东西归为简单的东西来加以研究和理解;相应的,非线性问题总是可以归结为或近似地归结为线性问题来解决,规律性就归结为机械决定论规律,如同传统上对于牛顿力学的理解,只要知道了质点的初始条件和运动方程,过去和将来的情况就可以精确求解出来。经典力学在近代科学中的辉煌成就,使得它成了近代科学的研究范式。实际上,经典力学的思想就往往成为近代科学思想的同义词。经典力学给我们呈现的是一幅机械的、可逆的、对称的物理图像。

近代自然科学是从欧洲兴起的。15世纪资本主义开始萌芽,商品经济的发展和开拓市场的需要推动了远航探险和地理发现,进而推动了天文学、地理学、数学和力学的发展,于是伴随着思想和宗教领域的文艺复兴和宗教改革运动,在科学领域中产生了由天文学开始的科学革命。1543年哥白尼(N.Copernicus,1473—1543)发表《天体运行论》这部不朽著作,提出了日心说。经过伽利略(G.Galilei,1564—1642)和开普勒(J.Kepler,1571—1630)的进一步论证和发展,不仅引发了天文学上的革命,也引起了自然观、科学认识论和方法论上的革命。伽利略认为力学是仅仅探索运动怎么发生,而不问运动为何发生,从而奠定了经典科学的传统,促进了经典科学的进步。人们从对自然界的笼统的、模糊的认识发展到对自然界进行深入的、细致的研究。

英国的培根(F.Bacon,1561—1626)对于近代科学的兴起有卓越贡献。培根第一个系统研究了科学方法并将其当作追求知识的原则、程序和方法,他的关于科学方法论的著作取名《新工具论》,以示其在科学方法论上的创新。按照培根的科学方法论,有条理地追求知识的程序是以自然为对象,以感官知觉为起点,让心灵顺着一条全然循序递进的阶梯向前推进,即通过实验、列表、比较、排除、归纳而逐步上升到公理(形式)阶梯的顶部[11]。

笛卡尔(R.Descartes,1596—1650)是唯理论科学方法的创立者,他以"我思故我在"的著名命题,规定了唯理论科学方法的出发点。他把自己的知识体系比作一棵大树,树根是"形而上学"、树干是"物理学"、树枝是各门具体科学,而他的唯理论的科学方法论则是贯穿整个科学体系中的认识工具。他在《哲学原理》中,阐述了"物理学"中的机械唯物主义,把自然界看作一个具有统一性的物质世界,其本质是广延性,上帝的第一次推动使得混沌状态的物质微粒形成了旋涡运动并通过排斥和吸引而组织起来。他试图以机械运动来说明自然界的一切事物,把整个自然界看作一架大机器,进而用来解释动物有机体,提出"动物是机器"的影响深远的著名命题。

笛卡尔是将还原主义原理深深扎入科学之中的关键性人物。在他看来,科学认识方法具有同一性,就决定了科学具有统一性。他说"把单一的同一的方法不断运用于种种不同的学科,因为这种共同适用的可能性和实践性,意味着整体的科学无非是人的理性本身的统一性"[12]。

笛卡尔探求真理的指导原则,一个是:"全部方法,只不过是为了发现某一真理而把心灵的目光应该观察的那些事物安排为秩序。如欲严格遵守这一原则,那就必须把混乱暧昧的命题逐级简化为其他较单纯的命题,然后从直观一切命题中最单纯的那些出发,试行同样逐级上升到认识其他一切命题";另一个是:"要从错综复杂事物中区别出最简单事物,然后予以有秩序的研究,就必须在我们已经用它们互相直接演绎出某些真理的每一系列事物中,观察哪一个是最简单项,其余各项又是怎样同它的关系或远或近,或者同等距离的"[12]。

事实上,还原论的观点,奠定了追求简单性、追求线性解的思想基础。这就是说,因为整体总是可以分解为部分的,复杂的现象总是可以分解成为简单的现象来理解的,非线性系统就总是可以简化为线性问题来解决的。

1686年4月28日,牛顿向伦敦皇家学会提出了他的《自然哲学之数学原理》,这个日子被普里戈金称之为人类历史上最伟大的日子之一。牛顿总结了天体力学和地面力学的成就,为经典力学规定了一套基本概念,提出了运动三定律和万有引力定律,从而使经典力学成为一个完整的理论体系,实现了自然科学的第一次大综合。

万有引力定律是在《自然哲学之数学原理》中的"论宇宙体系"中来献给世人的,将整个自然界借助万有引力联系起来,再加上运动三定律,物体的运动状态就成为可以推算的了,物理事件只不过是整个统一因果链上的一个个确定的环节。

伽利略、牛顿奠定的经典力学所描述的机械系统图景,与笛卡尔描述的机械图景一致,以牛顿经典力学为基础的自然界也是一架大型机械钟,这样的机械钟是需要从外面为其上紧发条,所以尽管牛顿在论证他的机械体系的运转时是不需要上帝的,但是他最终不得不把上帝请来作为这个机械系统的"第一推动",为这架巨大的宇宙钟上紧发条。

18世纪,拉美特利(Julien Offray De La Mettrie,1709—1751)在笛卡尔断言"动物是机器"的基础上,进而声称"人是机器"。机械系统的自然观、机械确定论的规律观、还原论的科学方法论成了占据统治地位的宇宙观和方法论。在自然科学发展的初期,这样一幅机械的、分析的、线性的、被组织的世界图景的形成是有其历史必然性的。恩格斯就曾指出,在近代科学初期,与那时自然科学才得到初步发展相适应,主要是运用分析方法、认识既成事物,已获得的科学知识还不足以揭示自然现象之间的联系、发展和变化。在时代科学的基础上,形成了自己时代的总观点,正如恩格斯所指出的:"那时在所有自然科学中达到某种完善地步的只有力学,而且只有刚体(天空的和地上的)力学,简言之,即重量力学。化学刚刚处于幼稚的燃素说的形态中。生物学尚在襁褓中;对植物和动物机体只做过极肤浅的研究,并用纯粹机械的原因来加以解释。"[13]"这个时代的特征是一个特殊的总观点的形成,这个总观点的中心是自然界绝对不变这样一个见解。"[8]

按照这样的时代科学提供的见解,天地及其间的万物都是各自独立的东西,复杂性只是表面的而非实质,一切自然现象都互不联系,它们只能是在空间中仅仅是存在着而没有演化、没有时间上发展变化的历史。牛顿的"绝对时空观"正是这些思想的体现,把时空作为架构研究物质的规律。从物质的角度来讲,宇宙由物质组成,而空间是物质的现实存在的抽象,空间是存在的表现形式;物质是运动的,而时间是运动和变化的抽象,时间是运动的表现形式;物质运动是有规律的,物质的运动规律就是一种时空秩序,宇宙的运行所表现出来的就是时空的秩序。而这样的时空秩序是一种机械的、分析的、线性的、被组织的时空秩序。

爱因斯坦的相对论证明了时空是相对的,而不是绝对的,但是从宏观物质的角度来看,时空仍然可以被当作架构。20 世纪物理学的两次革命成果之一的量子力学,证明了在微观上人的观察已经影响了量子的时空秩序,认为科学不可能客观地、不附加任何主观成分地获取"照本来样子的"世界知识。量子力学诞生后,对人类诸多观念产生了强烈的冲击。本体实在的假设被取消了,组成物质的微观粒子是不断生灭的,哥本哈根学派的物理学家不再把科学当作客观的真理,而是当作对物质世界的一种描述方式。

2.3 时空作为关系来研究事物的生成、发展和演化

2.3.1 由研究实体为主到研究系统要素的关系为主

几乎所有经典科学的学科关注对象都是实体,而非关系,世界主要是由实体构成的,关系附属于实体,因此各学科纷纷从实体开始研究世界特征及其规律性。如物理学研究的出发点一定是质点、粒子、物体等实体对象,根据研究实体的差异,可以分为原子物理学、流体物理学、固体物理学、核物理学等;生物学研究的出发点和主要关注点是生物体,根据研究实体的差异,可以分为植物学、动物学、微生物学、细胞生物学、分子生物学等。

把复杂问题简化为简单问题的研究方法,使我们了解了各种物质的成分和结构,这显然是一种科学研究的有效方法。这种撇开广泛的联系而孤立地、静止地考察事物的还原论的方法后来从自然科学移到哲学领域,从而形成了形而上学的长期统治,造成了几个世纪在思维模式上的局限。

莱布尼茨(G.W.Leibniz,1646—1716)被罗素称为"千古绝伦的大智者"[14]。莱布尼茨在哲学、逻辑学、数学、物理学等领域都有杰出的贡献。他针对机械唯物主义提出了披着神学外衣的"单子论",否定了机械唯物主义的物质惰性论和广延唯一特性论。他指出,实体是不能光就它的没有任何能动性的赤裸裸的本质去设想的,能动性是一般实体的本质,如果物质是惰性的和不动的,它就不可能成为构成宇宙万物的实体。单子是自然系统的最基本组成要素,《单子论》的第1条就是"我们这里要说的单子不是别的,只是一种组成复合物的单纯实体;单纯,就是没有部分的意思。"[15]

单子同时具有能动性和被动性,而且能动性和被动性是相互制约的,《单子论》的第52条写道:"在创造物之间,能动和被动是相互的。因为上帝比较两个单纯实体,发现每一个中间都有使它适应于另一个的理由,因此就某个方面说是能动的,从另一个观点来说则是被动的。说它能动,是由于我们清楚地知道其中有一种成分,可以说明另一个中间所发生的事情;说它被动,是由于其中所发生的事情的因由在另一个我们清楚地知道的成分中。"

单子具有层次性,按照莱布尼茨的论述,每个单子都有知觉,按明暗程度的不同可以分为四个等级,最低级的单子,如无机物体,只有"微知觉";较高一级的单子,如动物,具有较清晰的知觉和记忆;更高一级的单子是人，具有理性的灵魂，能运用概念进行判断、推理，认识具有必然性的真理；最高级的单子是上帝，具有最高的智慧，是一切真理的源泉。莱布尼茨否认演化和质变，因而断言"自然从来不飞跃"。反对简单把有机体与机械等同起来的时代主导思想。《单子论》的第64条写道："每个生物的有机形体乃是一种神圣的机器，或一个自然的自动机，无限地优越于一切人造的自动机。因为一架由人的技艺制造出来的机器，它的每一个部分并不是一架机器，例如一个黄铜轮子的齿有一些部分或片段，这些部分或片段对我们来说，已不再是人造的东西，并没有表现出来它是一架机器，像铜轮子那样有特定的用途。可是自然的机器亦即活的形体则不然，它们的无穷小的部分也还是机器。就是这一点造成了自然与技艺之间的区别，亦即神的技艺与我们的技艺之间的区别。"

现代系统理论的奠基者们高度重视莱布尼茨，如"一般系统论"的创立者贝塔朗菲，在《一般系统论的历史和现状》中写道："莱布尼茨的单子等级看来与现代系统等级很相似……"[16] "控制论"的创立者维纳则写道："假如我必须为控制论从科学史上挑选一位守护神，那就挑选莱布尼茨。"[17]

18世纪末19世纪初形成了德国古典哲学，康德以他的天体演化学说第一个打破了形而上学的缺口，开始了辩证法在近代德国哲学中的发展，这个发展在黑格尔的体系中达到了顶峰。

康德（I.Kant，1724—1804）既是哲学家也是自然科学家，在哲学上，他是德国古典哲学的开创者；在自然科学上，他以提出太阳系起源的星云假说而著名。康德的宇宙观，已经可以称为一种系统自组织演化的宇宙。

他在《宇宙发展史概论》中提出了星云假说,"我假定整个宇宙的物质都处于普遍的分散状态,并由此造成了一种完全的混沌。我根据给定的吸引定律看到了物质的形成,又看到了斥力改变物体的运动。我不需要任何虚构,只要按照给定的运动定律,就可以看到一个秩序井然的整个系统产生出来,这使我感到欣然满足;这系统与我们眼前所看到的那个宇宙系统如此相似,以致我不得不把它们当作同一个东西。在大范围内自然秩序的这种出乎意料的发展……建立在如此简单而纯朴的基础之上。"[15]

他推测整个宇宙是一个大系统,具有不同的层次。他写道:"难道所有的世界就不会同样有相应的结构和有规则的相互联系,正像我们太阳系这个小范围内的天体,如土星、木星和地球都各自成为特定的系统,但同时又作为一个较大系统的成员而相互联系着呢?……观测证明,这个推测几乎是无可怀疑的。星群由于其位置都联系于一个共同的平面而构成一个系统,正如我们太阳系的各个行星都环绕太阳而构成一个系统一样……银河里的每一个太阳同围绕它们而运转的行星一起,构成一个特定的系统;但是这并不妨碍它们成为一个更大的系统的一部分。"这就构成星系,"如果再把这些星系看作是整个自然界这根大链条上的各个环节,那么,我们有和以前一样多的理由可以认为,这些星系是相互有关的,并且按照支配整个自然界的初始形成的规律,相互联结而构成一个新的更大的系统。""我们前面所考虑过的关于世界各个部分的有规则的联系,是否将延伸到全体,并通过吸引力和离心力的结合而把整个宇宙这个大自然的一切都包括在单独一个系统之内呢?我说是的。"[15]

康德的星云假说指出太阳系是一个自发运动、自我组织的动态系统，天体系统具有历史的观点、自发运动的观点、自我组织的观点，完全不同于被动的被组织的机械宇宙观，对19世纪的自然科学产生了深远的影响。

黑格尔（G.W.F.Hegel，1770—1831）是近代唯心辩证法大师，他认为世界不是一成不变的事物的集合体，而是"过程的集合体"，一切存在都是有机的整体，"作为自身具体、自身发展的理念，乃是一个有机的系统、一个全体，包含有很多阶段和环节在它自身内。"[18]

恩格斯在《反杜林论》中写道："黑格尔第一次——这是他的巨大功绩——把整个自然的、历史的和精神的世界描写为一个过程，即把它描写为处在不断的运动、变化、转变和发展中，并企图揭示这种运动和发展的内在联系。"[19]

黑格尔在他的《逻辑学》的第二部分阐述了"对立统一"即矛盾范畴，论述了矛盾的普遍性，把矛盾看作一切事物所固有的，并把矛盾与运动联系起来，作为事物发展的源泉和动力。

黑格尔把一切事物看作有机系统，由于内部各部分、各种力量的矛盾斗争推动自身向更完善更高级的方向发展的思想，已经完全不同于机械论的思想。辩证法是与形而上学相对立的世界观，辩证法和形而上学对立的焦点在于对"世界究竟处于怎样一种状态"所做出的不同回答。其中，承认矛盾，坚持用联系、发展、全面的观点看问题的回答属于辩证法；否认矛盾的存在，主张用孤立、静止、片面的观点看问题的回答则属于形而上学。但是，黑格尔是唯心主义者，他把现实世界的发展认为是绝对精神的发展，因而他的辩证法是不彻底的。费尔巴哈在批判黑格尔唯心主义的过程中，恢复了唯物主义，但在本质上是形而上学的唯物主义。

进入 19 世纪,自然科学和社会科学都进入了一个全面发展的时期。自然科学材料的大量积累,天体演化学说、地层变迁学说、生物演化学说、胚胎学的出现、能量守恒定律以及细胞的发现,提供了关于自然界中各个领域及其过程之间联系的清晰的图画,使人们逐渐认识到自然界的一切不是形而上学地发生的。

在物理学中,能量守恒与转化定律的发现,促进了热力学的发展。热力学第一定律就是能量守恒与转化定律,能量守恒与转化定律发现,系统的能量可以耗散,可以从一个系统转移到另一个系统或者环境中去,但是不可能创造也不可能消灭,从而有力地证明了多种多样的物质运动之中的统一性,最终得出自然界的物质具有统一性;热力学第二定律是熵定律,按照热力学图像,大量粒子的系统的运动过程是不可逆的,而单个粒子的运动过程是可逆的,这种可逆的微观动力学方程和不可逆的宏观运动之间的矛盾就构成了复杂系统物理学所面临的基本问题之一,对后来各种系统理论的建立都具有重要的推动作用。

在化学领域,维勒(F.Wohler,1800—1882)首次用人工合成的方法从无机物中制出了有机物尿素,打破了有机物与无机物之间的截然两分的界限,有力地批判了活力论,成为进一步发现有机界与无机界之间的统一性的新起点。俄国化学家门捷列夫(1834—1907)于1869年发现了元素周期律,揭示了原来认为是彼此孤立、互不相关的化学元素之间的内在联系,表明各种元素形成了一个具有内在规律的完整体系。

在生物学方面,细胞学的发展,表明动物和植物具有共同的基本组成要素,其构成原则实质上是没有两样的,整个有机界具有内在的统一性。杜里舒本来是一个机械论者,但是在实验中,他在海胆的原肠胚阶段,将其切成两半,结果那两个半个的原胚肠竟然发育成为两个较小的完整的胚胎,最后发育成为完整而较小的幼虫。这完全出乎意料,原以为两个半胚只能发育成为两个不完整的幼虫。这表明,这里的整体的确不是由部分简单构成的,不同的原因没有产生不同的结果,相反倒是产生了相同的结果,机械论的观点在这里显得苍白。作为机械论者的杜里舒百思不得其解,他认为这里的异因同果律是与物理学定律相矛盾的,这里有某种因素控制着由目的所预定的过程,使正常有机体得以形成。这个实验对于机械决定论是一次重大打击,使机械论在复杂的生命现象面前陷入了困境。

19 世纪,随着社会的发展、科学技术的发展、哲学社会科学的发展,各门学科各个领域,都表现出由分析进入综合、由部分发展到整体的趋势。正是在这样的时代背景下,马克思主义的奠基人——马克思和恩格斯批判地继承了人类历史上的一切优秀的思想成果,包括系统思想优秀成果,创立了马克思主义,实现了人类认识史上的一次重大的变革,同时也丰富和发展了系统思想。

马克思继承前人的系统思想,在创立历史唯物主义的同时就形成了系统观,将系统观作为对世界的总的看法包括在唯物辩证法中,使之成为马克思主义世界观的一个组成部分,并且把它具体贯彻到自己的实践和科学研究中去。马克思是运用系统思想、系统观对世界上最复杂的系统——社会系统进行科学解剖的典范。他把社会作为一个有机的整体来看待,并且把它作为研究社会现象的基点,根据组成社会机体的不同的要素、结构、层次、环境以及作用条件等揭示出这个机体的不同运动规律,将整个社会形态的发展当作一个有机体的进化过程加以研究。由此,揭示了社会系统的发展过程,创立了科学的社会进化论——历史唯物主义。

在标志马克思主义诞生的《关于费尔巴哈的提纲》中,马克思批判了仅仅从认识主体或客体方面来理解认识的缺陷,提出了马克思主义的实践观。从系统思想的角度来看,也就是要把认识的主体和客体、主观和客观作为在实践基础上联系起来的系统来加以理解。认识是人的认识,而且,人并非仅仅是个体意义上的人,人受制于环境,也改变着环境,人只能放在社会系统中、放在与环境的关系之中来加以理解。马克思写道:"人的本质并不是单个人所固有的抽象物。在其现实性上,他是一切社会关系的综合。"[20]

总之,马克思实际上已经论证了系统观是辩证唯物主义世界观的重要组成部分。尽管他是用那时的语言来表述这一切的,他本人并没有明确提出诸如"系统观""系统方法"这样的表述,但是,这样的表述已经体现在他的完整的思想体系之中,体现在他对于社会亦即社会经济的剖析之中。一般系统论的创立者贝塔朗菲就认为,系统观念的历史应当追溯到马克思和黑格尔的辩证法。西方学者也承认,马克思率先把系统方法应用于社会历史研究,是"社会科学中现代系统方法的始祖。"[21]

辩证唯物主义的自然观是马克思和恩格斯共同奠定的,并主要是由恩格斯发挥阐述的。恩格斯所阐发的辩证自然观,其中也是充满了丰富的系统思想,实际上系统思想已成为辩证自然观的一个有机组成部分。

在探讨质量互变规律时,恩格斯将系统中要素的空间排列即系统的结构归入量的范畴来加以讨论。例如乙醇和甲醚的同分异构现象,虽然分子式相同,但原子的空间排列次序不同,因而两者性质截然不同。从系统思想的角度来看,这就涉及系统的结构和功能的关系问题。在讨论生物学问题时,关于结构与功能相互联系、相互作用和相互转化的思想就更为明确了。恩格斯写道:"整个有机界在不断地证明形式和内容的同一或不可分离。形态学的现象和生理学的现象、形态和机能是互相制约的。形态(细胞)的分化决定物质分化为肌肉、皮肤、骨骼、表皮等,而物质的分化又决定分化了的形态。"[22]

恩格斯批判扬弃了黑格尔唯心辩证法中的唯心论因素,揭示了辩证法基本规律是自然界的实在过程,也就是辩证法基本规律是系统变化发展的最一般的规律,并为现代系统理论的研究所证实。恩格斯不仅仅从若干方面和若干问题上阐发了系统思想,而且从整个人类认识史入手,分析了自然观发展的最一般规律,从而也就预示和揭示了系统思想兴起的必然性。

机械论的自然观变得千疮百孔,使得机械论、还原论的片面观点越来越站不住脚了。总之,19世纪下半叶以来,自然科学由总体上收集经验材料,分门别类的进行研究的阶段,进入了对于经验材料进行综合整理和理论概括发展的新阶段。不断从新的水平上揭示自然界的普遍联系和普遍发展,暴露还原论机械的、分析的、线性的、被组织的时空秩序的局限性。进入20世纪时,由于时代科学技术的要求,系统思想得到了极大的重视和发展,逐步走向了系统论所呈现的有机的、综合的、非线性的、自组织的系统时空秩序。系统科学范式的研究重点开始从实体转向关系,贝塔朗菲创立的一般系统论在这里就充当了系统理论的先锋,一般系统论已经超越各种类型的实体,开始关注实体间的关系。

20世纪20年代,英国哲学家怀海德(A.N.Whitehead,1861—1947)指

出,机械论的分析方法易使人误入歧途,应该用机体论来代替科学上的决定论。他提出了过程哲学,认为实在的本质就是不断地活动和变化。美国的劳特卡(A.J.Lotka)1925年发表了《物理生物学原理》,德国的克勒(W.Kohler)1927年发表《论调节问题》,他们都强调了机体论、整体论观点。

贝塔朗菲批评地继承了前人的机体论思想,把协调、秩序、目的性等概念用于研究有机体,初步形成了他的一般系统论的思想,其中一些基本观点包括:

(1)整体观点,认为一切有机体都是一个整体,一种在时空上有限的具有复杂结构的自然整体。他认为:"复杂现象大于因果链的独立属性和简单总和。解释这些现象不仅要通过它们的组成部分,而且要估计它们之间的联系的总和。有联系事物的总和,可以看作具有特殊的整体水平的功能和属性的系统。"[23]

(2)动态观点,认为一切生命现象本身都处于积极的活动状态,活的东西的基本特征是组织,他把生命的机体看作一个能保持动态稳定的系统,这种动态稳定的系统能够抵抗环境对机体的瓦解性的侵犯。他认为生命是一个开放系统,主要从生物体与环境的相互作用中说明生命的本质,指出开放系统可以实现异因同果律,从而回应了新活力论的挑战。

(3)等级观点,认为各种有机体都是按照严格的等级组织起来的,生物系统是分层次的,从活的分子到多细胞个体,再到超个体聚合物,形成层次结构。他认为传统的方法只是将各部分各过程进行研究,而没有包括协调各部分各过程,因而不能完整地描述活的现象。

贝塔朗菲认为,"要理解一个事物,不仅要知道它的要素而且还要知道要素间的相互关系"。在《一般系统论》中,他定义系统为"相互作用着的若干要素的复合体"[24],随着对系统理论的认识和发展,1972年他在对多年研究的总结性文章中提出:"系统的定义可以确定为处于一定的相互关系中的与环境发生关系的各组成部分的总体"[25]。总之,贝塔朗菲的思想明显体现着一般系统论从实体转向关系的开始。

1948年,在美国贝尔公司电话研究所工作的仙农(C.E.Shannon)发表了"通信的数学理论"一文,宣告了信息论的诞生。维纳则在这一年出版了《控制论》,该书的副标题叫作"或关于在机器和生物的通讯和控制的科学",标志了控制论作为一门学科的诞生。20世纪50年代,信息论和控制论都得到了大发展。信息论迅速向学科渗透。1951年,美国无线电工程学会承认了这门新学科。布里渊(L.Brillouin)把信息熵与热力学熵直接联系起来,提出广义熵增原理、信息的负熵原理,把信息论推进到物理学领域。控制论则渗透到无线电通信、电子技术、自动控制、心理学、生物学、计算机技术、统计力学等多种学科。

自动控制系统的特点是要根据周围环境的某些变化来决定和调整自己的运动,这就要突破牛顿力学传统方法的框架。维纳与工程师毕格罗(J.Biglow)、神经生理学家罗森勃吕特合作,发现目的性行为可以用反馈来解释,从而突破了生命与非生命的界限,把目的性行为这个生物所特有的概念赋予机器。反馈在控制论中是一个最基本的概念,它对于系统的稳定性、目的性甚至学习能力都是至关重要的。

随后发展起来的一些系统科学的理论更是超越实体的局限,直接关注关系特征及其规律。无论是20世纪60年代末普里高津创立的耗散结构理论,还是70年代相继诞生的哈肯创立的协同学、托姆等人的突变论、艾根等人的超循环理论等,都具有一个共同特征:超越实体,不受任何具体实体的局限,直接研究关系。导致的直接结果就是这些系统科学理论几乎都可以应用在实体完全不同的诸多理论中,这一点更是突出体现和印证着系统科学范式的关系论特征。

耗散结构理论指出,一个远离平衡的开放系统(不论其是力学的、物理的、化学的、生物的系统,还是社会的、经济的系统),通过不断地与外界交换物质和能量,在外界条件变化达到一定阈值时,就可能从原先的无序状态,转变为一种在时空上或功能上有序的状态。耗散结构理论的创立,使我们有可能研究非线性的系统在远离平衡态时所出现的新的有序现象和系统的演化问题。耗散结构论揭示出,一个系统要能够自发组织起来,形成耗散结构,必须满足:①系统开放,只有充分开放才可能驱使系统远离平衡态;②系统远离平衡态,处在平衡态和近平衡态都不会向有序发展;③系统内的自催化的非线性相互作用,使得从平衡系统观点往往看作破坏因素的正反馈在这里成为系统演化的建设性因素;④涨落作用,是驱使系统由原来的稳定分支演化到耗散结构分支的原初推动力[26]。

1968年,法国数学家托姆(R.Thom)受英国数学家齐曼(Zeeman)1961年发表的"头脑与视觉认识的拓扑学"的启发,发表了"生物学中的拓扑模型",这是托姆关于突变理论的第一篇论文,1972年出版的《结构稳定性与形态发生学》一书,则系统阐述了他的突变论。突变论被称为说明参数的连续改变怎样引起不连续现象的一种理论。研究静态分支点问题,即平衡点之间的相互转换问题,揭示原因连续的作用有可能导致结果的突然变化,因此,虽然突变论本身不是系统自组织理论,但它与系统演化的有序与无序的转化连续在一起,加深了我们对于系统的有序与无序的转化的方式和途径的多样性的理解。在20

世纪70年代形成了一股"突变热"。有人将其称为"自牛顿创立微积分以来数学史上最大的成就",当然也有人将其称为"皇帝的新装",但无论如何,突变论的确为人们带来了新思路、新观点,在众多领域得到了广泛的应用。

1972年德国的生物物理学家艾根(M.Eigen)在德国的《自然杂志》上发表"物质的自组织和生物大分子的进化"一文,建立了超循环理论。超循环理论结合化学、生物学等领域的成果,考察了自然界的种种循环现象,将相互作用、因果转化构成循环作为超循环理论的基本出发点,揭示了系统的演化发展是循环发展模式的本质,提出了循环等级学说,从低级循环到高级循环,不同的循环层次与一定的发展水平相联系。超循环理论更深入地探索了生命的起源,提出生命起源的化学进化和生物进化之间还有一个生物大分子自组织进化阶段,随机无序的大分子通过采取循环形式的自组织,发展起来的有序的组织向更高的组织和复杂性进化,从而最终导致了生命的形成。

1977年德国理论物理学家哈肯(H.Haken)出版了《协同学导论》,创立了协同学。协同学是在把握激光一类非平衡相变内在机制的基础上,同时吸收了耗散结构理论和突变理论的内核基础上发展起来的,创造了一套处理各种非平衡相变的统一方案,解决了系统从无序转变为有序的过程。

1963年美国气象学家爱德华·罗伦兹提出混沌理论(Chaos Theory),混沌理论是关于非线性系统在一定参数条件下展现分叉(bifurcation)、周期运动与非周期运动的相互纠缠,以至于通向某种非周期有序运动的理论,其解释了决定系统可能产生随机结果。理论的最大的贡献是用简单的模型获得明确的非周期结果。在气象、航空及航天等领域的研究里有重大的作用。

"混沌"是一个古老的术语,各民族几乎都有过混沌创世的传说,这种古老的混沌指的是一种无序无规、混乱难分的原初状态。混沌现象起因于物体不断以某种规则复制前一阶段的运动状态,而产生无法预测的随机效果。具体而言,混沌现象发生于易变动的物体或系统,该物体在行动之初极为单纯,但经过一定规则的连续变动之后,却产生始料所未及的后果,也就是混沌状态。但是此种混沌状态不同于一般杂乱无章的混乱状况,此混沌现象经过长期及完整分析之后,可以从中理出某种规则来。混沌现象虽然最先用于解释自然界,但是在人文及社会领域中因为事物之间相互牵引,混沌现象尤为多见,如股票市场的起伏、人生的平坦曲折、教育的复杂过程。

自然科学中讲的混沌运动指确定性系统中展示的一种类似随机的行为或性态。确定性(Deterministic)是指方程不含随机项的系统,也称动力系统(Dynamical System)。在自然界中,混沌现象是普遍存在的,天气、气候就是典型的混沌运动。一个著名的例子就是蝴蝶效应:南美洲一只蝴蝶扇一扇翅膀,就可能会在佛罗里达引起一场飓风。

混沌所对应的是非线性系统,是迄今为止所发现的复杂性程度最高的系统。例如"Rossler混沌系统",混沌吸引子内存在无限可数的周期轨道和不可数的混沌轨道,且任意两条轨道既不趋分离,也不趋向接近,两种状态交替出现。混沌轨道具有对初始条件、边界条件和系统参数的高度敏感依赖性,因而具有高度的不稳定性。其系统参数或初始条件哪怕只有一些微小的改变,也必将引发系统的轨道发生巨大的变化,"蝴蝶效应"也是指混沌的这一特性。

混沌不是纯粹的无序或混乱,而是一种"有序的无序"。混沌没有经典意义上的周期和对称,没有明显的有序,但隐藏着新的有序,具有跨越尺度的对称性,即自相似性。混沌的规则是将这些隐藏着吸引子的无序数据拉扯成具有自相似的分形,使得世界显示出"有规则的不规则性""决定性的非周期流"或"无周期的有序"。

混沌提供了系统的动态的稳定性,非线性有组织系统可以在动态之中实现自我调节、自我稳定,使得系统可以抵抗小的扰动,灵活地应付环境的变化。过去人们认为正常的心脏跳动是规则的,当心脏的跳动不规则时就意味着心脏出现了毛病,而混沌的研究结果却令人意外地指出,正常心脏的跳动实际上是混沌的,其周期是在一定范围之内变动的,是规则性与不规则性的统一,行为复杂得不可能作精确的预见,恰恰相反,一旦心跳运动的变动性消失,变成不复杂的、很规则的、周期有序的状态,就意味着这个系统出现了毛病。

混沌反映的是一种无序中的有序,它是确定论中的不确定性,是整体的方向性与局部的非方向性,是在稳定与失稳中不断演化,原因非常简单,而结果又是错综复杂的一类现象。它深刻地反映了对立统一的哲学思想[27]。混沌理论是一种兼具质性思考与量化分析的方法,用以探讨动态系统中(如:人口移动、化学反应、气象变化、社会行为等)无法用单一的数据关系,而必须用整体、连续的数据关系才能加以解释及预测之行为。

1973年美籍法国数学家曼德布洛特(B.B.Mandelbrot)提出了分形学,1977年他发表了分形学的著作《分形:形式、机遇和维数》,1982年他发表了《自然界的分形几何》一书,系统阐述了分形学。分形学的研究揭示了系统的部分和整体的相似性,分形体的整体与部分具有某种自相似的层次结构,在理想状态下甚至是无穷多层次的自相似性。自然界的许多复杂的现象都具有分形结构,如漫长的海岸线、起伏的山峦。分形几何学就是研究比通常规则几何图形更接近实际的客观世界,比如研究那些不能用通常的长度、面积、体积来表示的非规则几何体的性质。

总之,20世纪60年代末耗散结构理论的建立,以演化系统为研究对象的非平衡非线性热力学登上了科学舞台,70年代相继诞生的其余几个关于系统演化的理论,使我们在对既成系统认识的基础上,进一步从认识系统自组织演化的前提条件入手,深入认识系统演化的动力机制,偶然因素在系统演化中的作用,并且从科学上对系统演化的循环发展形势给予统一的描述,还深刻地揭示出系统演化多样性以及系统组织的相似性、系统的优化演化、系统演化从混沌到有序,再从有序到混沌的发展全过程。相应地,这样一来我们就有可能在对系统各个侧面的认识的基础上,对这样综合性的理论进行再综合,形成系统的自然图景和社会图景,概括出关于系统的极为一般的原理和规律,建立起系统科学通向哲学的桥梁——系统论,系统论的基本原理包括[26]:

(1)系统的整体性原理

指系统是由若干要素组成的具有一定新功能的有机整体,各个作为系统子单元的要素一旦组成系统整体,就具有独立要素所不具有的性质和功能,形成了新的系统的质的规定性,从而表现出整体的性质和功能不等于各个要素的性质和功能的简单加和。

(2)系统的层次性原理

由于组成系统的诸要素的种种差异包括结合方式上的差异,从而使系统组织在地位与作用、结构与功能上表现出等级秩序性,形成了具有质的差异的系统等级,层次感念就反映这种有质的差异的不同的系统等级或系统中的等级差异性。

（3）系统的目的性原理

指组织系统在与环境的相互作用中,在一定的范围内其发展变化不受或少受条件变化或途径经历的影响,坚持表现出某种向预定的状态发展的特性。

（4）系统的突变性原理

指系统通过失稳从一种状态进入另一种状态是一种突变过程,它是系统质变的一种基本形式,突变方式多种多样,同时系统发展还存在着分叉,从而有了质变的多样性,带来系统发展的丰富多彩。

（5）系统的稳定性原理

指在外界作用下开放系统具有一定的自我稳定能力,能够在一定范围内自我调节,从而保持和恢复原来的有序状态、保持和恢复原有的结构和功能。

（6）系统的自组织原理

指开放系统在系统内外两方面因素的复杂非线性相互作用下,内部要素的某些偏离系统稳定状态的涨落可能得以放大,从而在系统中产生更大范围的更强烈的长程相关,自发组织起来,使系统从无序到有序,从低级有序到高级有序。

（7）系统的相似性原理

指系统具有同构和同态的性质,体现在系统的结构和功能、存在方式和演化过程中所具有的共同性,这是一种有差异的共性,是系统统一性的一种表现。

世界观意义上的还原论观点可以简单概括为世界主要是由实体及实体间相互作用的关系构成的,关系附属于实体,实体规定关系,离开了实体,关系将不复存在;系统论的观点可以概括为世界主要是由关系联结及其关系所描绘的实体构成,实体附属于关系,关系规定实体,离开了关系,实体将不复存在,即使实体依然存在,但是地位已经发生了改变,它不再先于和独立于关系,而是依附其存在。

一般系统论、控制论、信息论还主要是建立在平衡系统的概念和理论基础之上,以既成系统为研究对象,针对同一时刻要素得以存在的形式或条件,主要研究的是要素之间的空间关系,在这些理论中对动态关系的研究居于次要地位;到了耗散结构理论、协同学、超循环理论、突变论则将人们对于系统的认识推进到以非平衡系统理论作为自己的理论和概念基础之上,以非线性系统的自组织演化为自己的研究对象,针对不同时刻或在时间的演化链条上,系统演化过程中具有的某些方面特征及规律、要素得以存在的形式或条件,即主要研究的是要素的时空关系,人类对于客观世界的复杂性、组织性和整体性的认识又发展到了一个新的阶段;到了混沌学、分形理论、复杂适应系统理论,更是直接针对系统要素时空关系的生成特征。

2.3.2 主体和客体的统一,建立了统一的时空框架

没有完全独立的时空,也就没有完全独立的事物(系统性、连续性),在认识事物的时候,人的感觉必须在时间和空间中才能建立起来,康德把时空作为直观上的先验格式。我们知道感觉是我们内部的秩序和外界的秩序相交而产生的"幻相","幻相"的时空秩序不是独立存在的,是我们内外时空秩序作用的结果,那么每个认识是否存在一个不受主观影响,独立自存的外部时空秩序,即客体时空秩序呢?是否存在一个独立自存的内部时空秩序,即主体时空秩序呢?

时空

杜里舒认为每一个认识就是一个"含有两极的整体"(bipolar whole),两极指的是客体和主体。但在我们认识事物的过程中,主客体之间时空已经发生了关系,已经不是两个毫不相关完全独立的时空了,我们认识事物的过程,就是主客体之间时空秩序相互作用的过程,从而产生感觉这个"幻相",感觉的"幻相"并不是一种客观存在的物质,而是一种主客观的时空秩序相互作用产生的时空秩序。"幻相"的时空不是构成的,是生成的,代表的是主客体时空相互作用的一种时空关系。

我们认识事物,离不开时空作为一种先验的格式,但是背后体现的是主客体之间的时空关系,人已经不能把自己排除在所认识的世界之外。和西方传统哲学不同的是,"天人合一"是中国传统文化的一个最基本问题,是处理人与自然关系的深层哲学理念,是中西文化差异的焦点,天人合一的思想起源于先秦时代,但是把"天人合一"作为成语单独使用比较晚,汉代董仲舒曾说:"以类合之,天人一也",但是没有直接标出"天人合一"四字成语。明确提出"天人合一"四字成语的是张载,他说"儒者则因明致诚,因诚致明,故天人合一,致学而可以成圣,得天而未始遗人。"他认为"天人合一"亦即内外合一,即"合内外,平物我,自见道之大端。"

中国传统哲学的"天人合一"的思想与现代科学的"主客统一"观念异曲同工,背后就是"天地人"三才之间的时空关系。到了明代理学,儒家、佛家和道家集大成者王阳明,提出"天地万物本吾一体""意之所在便是物",将传统的天人关系发展成为"心物合一"。这种超越主客体对立而走向天人合一的思想在现代科学思想,尤其在量子力学中体现得淋漓尽致。

1. 精神追求和物质追求的统一

所有的物,包括有生命之物和无生命之物,都是宇宙大生命的组成部分。人与自然界一体相通,不可分割,"天人合一"哲学思想的实质不是要人被动地回归自然状态,而是主动地去完成天地所赋予人的使命,不是对物质世界的掠夺和占有,而是去推进天地化育万物的过程,建立和谐生存世界。

《易传》讲"天地之大德曰生",孔子说:"天何言哉,四时行焉,万物生焉。天何言哉!"四时运行,万物生长,这是自然的基本功能,其中一个"生"字,体现了自然界的生命意义,"天"就不仅具有了自然意义,而且具有生命和伦理意义。"天人合一"也是"天人合德"。

儒家所言"为天地立心"不同于西方的"为自然立法":"为天地立心"是完成"天"所赋予人类的使命,主动实现自然界的"生生之德",实现人生的最高目的。《中庸》中有这样一段话:"唯天下至诚,为能尽其性;能尽其性,则能尽人之性;能尽人之性,则能尽物之性;能尽物之性,则可以赞天地之化育;可以赞天地之化育,则可以与天地参矣。"当人尽了己之性、人之性、万物之性时,也就尽了天地之性,就达到了"天人合一",人与天地万物相通,在精神追求和物质追求方面都修养到了"至诚",即"明心见性"。"赞"是助的意思,可以帮助天地演化和养育万物,"成己成物","成己"就是修己,提高自身的精神修养。"成物"不仅是指生命之物,而是自然万物。这是"天人合一"哲学对人的主体性的内在要求,达到"天人合一"就可以和天地配合成三了,"参"是与天地并立而为三。也就是说尽物之性以后,可以赞天地之化育,这是儒家至极、至美的思想境界中物质追求和精神追求的统一,达到了佛家的诸行圆满,自诚明、明诚,觉性、证得菩提、自觉觉他。

2. 建立了统一的时空框架

中国先贤了解存在,不是从静态的既存之物入手,而是从动态的生成过程着眼。中国传统哲学蕴含着一种彻底的整体论、生成论思想。中国传统哲学的主体是"天人合一"思想,《周易·系辞下》中的"天地絪缊,万物化醇;男女构精,万物化生"的天人同构模式,可视为中国古代"天人合一"思想的理论根源。

"天人合一"思想是围绕人的生存主题立论的,在人与自然关系上构建起"天地人"三才的总体框架,并不认为自然界是一个纯粹量化的体系,因此也没有建立一个完全脱离精神和物质的纯粹测度时间体系,在中国也就没有建立类似于西方哲学的绝对时空观。

"天地人"三元结构是《易经》最基本的理论和运演结构之一,《周易·说卦》:"是以立天之道曰阴与阳,立地之道曰柔与刚,立人之道曰仁与义。兼三才而两之,故《易》六画而成卦"。这里可以看出中国传统哲学,不是以物为出发点,而是以性质为出发点。"是以立天之道曰阴与阳",这里的天主要指的是太阳和月亮,其属性主要为属阳和属阴,即阴阳之间的变化关系,因此中国传统哲学所说的"天"主要是指与农业生产、生活乃至人体生命节律相关的"天时"。"立地之道曰柔与刚",这里的"地"关键不是地球上"物"这个实体,而是"物"的属性,柔和刚,其实和阴与阳的属性是统一的,柔为阴,刚为阳。因此中国传统哲学所说的"地"主要是指提供人类生存资源的地理环境。"立人之道曰仁与义","人"的关键不是人的肉体,而是精神和意识层面的人的属性,表示社会的人伦道德,其实和阴与阳的属性是对立统一的,都是本质相同,不同称呼而已。"仁"是仁爱则为阴柔,"义"是公正则为阳刚。它们组成了《易经·卦爻辞》三大要素:"观变于阴阳而立卦,发挥于刚柔而生爻,和顺于道德而理于义。"

天地人各自的道理不可分割地统一在《易经》的卦爻辞中,天、地、人三才每一个才由两种变化组成(天—阴阳;地—柔刚;人—仁义),既有差异性、独立性,又有统一性。这里不存在天、地、人之间的分裂,人与人的活动亦不外于自然及自然规律。

在中国,"天时、地利、人和"是我们做事的最佳时机,当我们说是该做某件事情的时候了,实际上只是在确立做某件事情与某种环境条件、情景状态的内在联系,也就是在一个系统中,各种时空关系达到了一个做某件事的最佳时机。

卦是《周易》中象征自然现象和人事变化的一系列符号,以阴爻、阳爻相配合而成,"兼三才而两之"成卦,即三个爻组成一个卦,这样三才排列组合只有八种可能。传说伏羲氏始作八卦,周文王推演为六十四卦。

《周易》最初是作为一本占筮的书,经过儒家融合不同的学术理论,以其巫术外壳发掘其"义理",对其进行了富有创造性的说解,构筑起来一座哲学殿堂,成为群经之首,对中国文化和思维方式产生了重大的影响。

3. 用符号构建系统要素的时空关系

《周易》对宇宙的认识,对时空的认识,是以《周易·系辞上》上的"《易》有太极,是生两仪。两仪生四象。四象生八卦"这句话为代表的。太极指宇宙本原,太极分化、生出阴阳,阴阳之分体现在卦上,就是爻形符号,分为阴爻和阳爻。两仪即阴阳,也就是乾坤,乾为阳为天为父,坤为阴为地为母。《乾》卦:"大哉乾元,万物资始,乃统天。云行雨施,品物流形。"《坤》卦:"至哉坤元,万物资生,乃顺承天。坤厚载物,德合无疆。含弘光大,品物咸亨。"宇宙进一步化生,又在天地阴阳之上生出了四象,从一年中的季节论,即春、夏、秋、冬四时;体现在卦上,就是 ▬▬ 、▬ ▬ 之上再生 ▬▬ 、▬ ▬ 形成。▬ ▬ 为少阳,象征春;▬▬ 为太阳,象征夏;▬ ▬ 为少阴,象征秋;▬ ▬ 为太阴,象征冬。这四个符号可以视之为卦的初爻和二爻。在天地四时形成并运行之后,四象产生乾(天)、坤(地)、震(雷)、巽(风)、坎(水)、离(火)、艮(山)、兑(泽)八卦,代表古人认为宇宙万物中最基本的八种自然物概念。这八种自然物同样蕴含着阴阳。这就是《周易》上所说的"八卦成列,象在其中"。

至于天地万物如何化生而成,《易经》认为是通过阴阳二气交感结合的方式进行并实现的。《系辞下》:"天地絪缊,万物化醇;男女构精,万物化生"。《易经》以乾坤为阴阳二物,把天地化生万物的过程比拟为雌雄交媾,并进一步追溯了阴阳的本质。

《易经》以八卦划定了八个方位。以伏羲八卦方位为例:1乾(南),2兑(东南),3离(东),4震(东北),5巽(西南),6坎(西),7艮(西北),8坤(北)。对于伏羲方位,即先天方位,《说卦》:"天地定位,山泽通气,雷风相薄,水火不相射。八卦相错。数往者顺,知来者逆,是故《易》逆数也。"八卦从方位来揭示自然的本质内涵。

八卦衍演变成六十四卦,是由最初的八卦中每一卦分别与其他卦搭配组成。每卦都有六个爻。六十四卦各由六爻组成。

在《周易》中,不仅仅用八卦来定八方分四时,同时把六十四卦分为八宫对应天象地理,从而更细详地划分宇宙时空。以卦纳入时间来认识宇宙时空为例,古人在六十四卦中拿出十二个特殊的卦形,即是复、临、泰、大壮、夬、乾、姤、遁、否、观、剥、坤卦,配合一年十二个月的月候。它用震、离、兑、坎四卦分别与一年春、夏、秋、冬四季相配,和这四个卦的二十四爻分别与一年的二十四节气相配(这叫卦气)。以时空来揭示宇宙的本质规律,古人的智慧为我们留下了宝贵的文化遗产。

阴阳五行以《易经》为基础,先后纳入五行学说、气论、干支计时法、河洛理数而形成的一套理、象、数、图并举,几乎贯穿于各学科之中,成为关于世界生成演变的模型。对于中国古代政治、文化、社会,特别是科学技术等各个方面都产生了极为重要的影响。特别是对于中医理论的影响,将阴阳五行学说作为中医理论基础,从天地人整体演化的高度考察人的生命和人的生存,强调人与自然的和谐,将人的系统内的时空融入宇宙的时空体系之内,展现了人与自然和谐统一的时空秩序图景。

五行的意义包含着阴阳演变过程的五种基本动态:水(代表润下)、火(代表炎上)、金(代表收敛)、木(代表伸展)、土(代表中和)。《尚书·洪范》记载,"五行:一曰水,二曰火,三曰木,四曰金,五曰土。水曰润下,火曰炎上,木曰曲直(弯曲,舒张),金曰从革(成分致密,善分割),土爰稼穑(意指播种收获)。润下作咸,炎上作苦,曲直作酸,从革作辛,稼穑作甘。"这里不但将宇宙万物进行了分类,而且对每类的性质与特征都做了界定。以五行为中心,将自然界中的各种现象、特征、形态、功能、表现等方面进行分门别类的系统归纳,从各种纷繁复杂的现象中整理出五行规律。

后人在五行属性的基础上,运用生克制化的关系,来说明和解释事物之间的相互联系和变化。相生是指两类属性不同的事物之间存在相互帮助、相互促进的关系,具体是:木生火,火生土,土生金,金生水,水生木。而相克则与相生相反，是指两类属性不同的事物之间关系是相互克制的，具体是：木克土，土克水，水克火、火克金、金克木。相生相克是任何事物不可分割的两个方面。没有相生，就没有任何事物的发生发展，没有相克，就没有事物发生发展中的协调和平衡。相生保证了事物发展的原动力和可能性，相克保证了事物发展的控制力和协调性。事物之间这种生中有克，克中有生，相辅相成，互相为用的关系，推动和维持事物的不断生长、变化和发展。《类经图翼》曰："盖造化之机，不可无生，亦不可无制。无生则发育无由，无制则亢而为害。生克循环，运行不息，而天地之道，斯无穷已。"

阴阳是古代的对立统一学说，五行是原始的普通系统论。到了春秋战国时期，五行学说开始与阴阳学说结合为一体。阴阳是中国古代文明中对蕴藏在自然规律背后的、推动自然规律发展变化的基础因素的描述，是各种事物孕育、发展、成熟、衰退直至消亡的原动力，是奠定中华文明逻辑思维基础的核心要素。概括而言，按照易学思维理解，其所描述的是宇宙间的最基本要素及其作用，是伏羲《易》的基础概念之一。传统观念认为，阴阳代表了一切事物的最基本对立关系，是自然界的客观规律，是万物运动变化的本源，是人类认识事物的基本法则。

到了春秋战国时期，五行学说开始与阴阳学说结合为一体，经西汉董仲舒，使得阴阳五行学说形成一个完整体系，从而有了更大的影响，"天地之气，合而为一，分为阴阳，判为四时，列为五行。"（《春秋繁露·五行相生》篇）。阴阳五行说对中国古代科技具有重要的影响，最为典型的就是其理论被巧妙地运用于医学领域，成为中医的主要理论，以五行辩证的生克关系来认识、解释生理现象，尽力适应内部自然规律以养生，努力掌握人体运行机制以防病、治病，取得了无比丰富的经验和成果。

按照中医的阴阳五行学说，人体是一个有机的和谐整体，当阴阳失调时人就会生病。《黄帝内经》把人的身体结构看作自然界的一个组成部分，认为人的养生规律与自然界的规律是密切相关的，提出了"天人相应"的医疗原则，主张把生理现象与自然现象相联系来治疗疾病，从自然现象、生理现象和神经活动三者结合起来考察疾病的根源。人体与自然也是一个有机的和谐整体，天地之间也是阴阳二气的相互作用，阴阳平和也是其最好的状态，人体对于天地，"从其气则和，违其气则并"（《素问·五运行大论》）。

按照五行说，五行本来就代表着自然系统的五种基本要素，在中医理论中，进一步把五行与人体系统的五脏联系起来（这里的五脏并不等于解剖学上的五脏），从而以阴阳五行的相生相克来解释人体生理现象，以及人体与自然界之间的相互联系。这时，着重的不是五行本身，而是五行之间的关系。其中任何一个脏腑组织的生理活动，都是与整个身体的生理活动密切相联系的，脏腑要素影响着身体整体，身体整体也制约着脏腑要素；而且它们的关系又是向环境开放的，即又是受环境相互制约的。相应的，中医的治疗方法，也就不是头痛医头、脚痛治脚，而是进行整体的辨证施治，其中还包括身体对于环境的适应进行调节。由此可见，中医的整体的辨证施治观点，也十分明显地体现着朴素的系统思想，甚至可以说也在一定程度上体现了朴素的开放系统的思想。

五行并非仅仅是作为自然系统的构成要素提出来的，同时也是作为某种功能属性提出来的，因此，李约瑟认为："这一切指示说，五行的概念倒不是一系列五种基本物质的概念，而是五种基本过程的概念。中国人的思想在这里独特地避开本体而抓住了关系。"[28]阴阳五行系统不仅是一个空间关系系统，而且是一个时间运演系统。

3 以时空融合中国传统文化和西方科学

3.1 目前的发展趋势

中国文化和西方文化的一个根本性的差异是：西方文化认为这个世界是构成的，而中国文化一开始就认为这个世界是生成的。中国几千年的文化与古代科学，是一种彻底的整体论、生成论研究传统，体现在宇宙观上，各种学说都强调宇宙一体、天人相通、天人合一。在生成论的思维上有其独特的优点。

在西方，19世纪下半叶，天文学中的星云说、生物学中的进化论、热力学中的第二定律，开始将演化的思潮带进科学。到了20世纪，宇宙学、基本粒子物理学，乃至深入到纳米层次的研究，则进一步揭示了我们的世界，从微观、宏观到宇观，都处于生灭的过程中。不存在不生不灭的实体，过程是基本的，实体是暂存的、有条件的。显然，经典的原子论研究纲领已无法解释世界生成演化的复杂现象，系统科学正是在这样的背景下诞生和发展的，目前系统科学正在从构成论走向生成论。

探讨复杂系统从近平衡态向远离平衡态演化的过程中，新序的形成及其规律不但认为物与物之间是非线性关系，而且还认为系统是自组织，是演化生成的，不过仍然局限于重点对"物"的研究，仍然以"有"

为出发点,也就是说,复杂性科学仍然延续了西方科学传统的主体性特征,是具体系统自身作为主体的演化。研究具体系统在远离平衡态条件下的演化过程,对临界点、影响涨落的具体要素等均有较明确的定量研究。

所谓自组织,是指复杂系统在环境压力下突破自身所能承受的阈限,进入远离平衡态,系统内在要素之间非线性互相作用,产生新的序参量,出现新的自组织行为,形成新的功能结构的过程。

所谓自协调,是指生物在生存环境发生改变时,通过调节自身功能结构以适应环境变化的生命活动。主要是从物和物以及物之间相互关系、相互作用为出发点。但已经逐步向"有"这个层面延伸,也就是往"三生万物"的"三"的层面延伸。由此可以看出,西方科学走的是从事物存在的实体性出发,即由"N"出发向"1"的方向发展,和中国传统哲学的方向恰好相反,但复杂性科学的产生和发展使西方近现代科学真正进入到与中国传统科学进行同等层面对话阶段,这是中西科学范式走向真正融合的前提,这不仅对中西科学范式双方具有重要意义,而且对于新的科学范式的形成具有划时代意义。复杂性科学有向中国传统科学吸取智慧资源的趋向。比利时物理化学家普里高津就曾认为中国传统科学的自然观是一种"自发的自组织世界"的观点,而他的耗散结构理论"对自然界的描述非常接近中国关于自然界中的自组织与和谐的传统观点"[29]。

融合中国传统文化和西方科学,关键在于建立涵盖"0→1→N→N→1→0"全生命周期的哲学思想和科学理论。

3.2 用什么来统一

用什么来贯穿事物从无到有和从有到无的整个生命周期呢？必须是无形，但是可以表达有形，即不是物，却可以描述物。是秩序，特别是时空的秩序！秩序的原意是指有条理、不混乱的情况，是"无序"的相对面。按照《辞海》的解释，"秩，常也；秩序，常度也，指人或事物所在的位置，含有整齐守规则之意。"从法理学角度来看，美国法学家博登海默认为，秩序意指在自然进程和社会进程中都存在着某种程序的一致性、连续性和确定性。一般而言，秩序可以分为自然秩序和社会秩序。自然秩序由自然规律所支配，如日出日落、月亏月盈等；社会秩序由社会规则所构建和维系，是指人们在长期社会交往过程中形成相对稳定的关系模式、结构和状态。

从宇宙总星系到分子、原子、基本粒子，都有时空秩序；社会系统、文化系统乃至精神系统，也都有时空秩序。没有时空秩序的系统或者物质是无法想象的。

当仅仅把时空当作了架构，把系统的秩序理解为系统要素的时间和空间的分布形式时，系统的秩序最终成了系统的一种量的规定性，就是机械论自然观。

当不仅仅把时空当作架构，而更作为关系，即要素之间、子系统之间、不同系统之间相互联系、相互作用的一种时空关系时，时空秩序就可以反映系统的内部关系，系统的时空秩序和系统的性质就是密切相关的范畴。系统的时空秩序不同，系统的性质就不同。比如同素异形体，金刚石与石墨的组成成分完全一样，但是其内部的空间秩序不同，性质差别巨大。系统的时空秩序发生了改变，那么系统的性质也就发生了改变。研究系统的时空秩序,就可以研究系统的生成、发展和演化。

秩序不同于结构,结构更侧重于系统要素的时间、空间或者时空的分布形式,虽然这种形式也体现了要素之间的相互联系和相互作用,但体现的是一种性质不变的前提下的稳定性、量的规定性。而秩序侧重的是性质,体现的是系统的目的性,一种动态的稳定性。所谓动态的稳定性,就是系统的目的本身就具有层次性、过程性。在一定的条件下,根据系统的目的,系统的性质需要改变,系统的秩序也会随之改变,但是目的是有持续性的,在一段时间内是稳定的。

被动思维是结构改变导致性质改变,而主动思维是性质改变,结构随之改变,即秩序决定结构,同时结构也体现了系统的秩序。系统具有空间分布的规则性即空间秩序,系统具有时间演化的规则性即时间秩序,系统具有时间演化的规则性又具有空间分布的规则性即具有时空秩序。系统的结构藏于内,而系统的时空秩序所指的是系统内部要素之间以及子系统之间的时空分布形式、相互联系和相互作用方式及系统整体上的外部的时空表现形式,是宏观与微观、部分与整体的统一。

3.3 为什么是时空

从认识论的角度来看,在我们认识事物的过程中,主客体之间的时空已经发生了关系,已经不是两个毫不相关完全独立的时空了,我们认识事物的过程,就是主客体之间时空秩序相互作用的过程,从而产生感觉这个"幻相",感觉的"幻相"并不是一种客观存在的物质,而是主客观的时空秩序相互作用产生的。"幻相"的时空不是构成的,是生成的,代表的是主客体时空相互作用的一种时空关系。

从西方构成论的角度来看,宇宙由物质组成,而空间是物质的现实存在的抽象,空间是存在的表现形式;物质是运动的,而时间是运动和变化的抽象,是运动的表现形式;物质运动是有规律的,物质的运动规律就是一种时空秩序,宇宙的运行所表现出来的秩序就是时空的秩序。时间是流动的物质空间,空间是凝固的物质时间。二者一纵一横,一动一静,互相交织,构成了宇宙的网络架构,物质便存在于宇宙的四维的网络架构之中。

从原子论的角度来看,宇宙万物的时空秩序是一种机械的、线性的、被组织的时空秩序;从整体论、系统论的角度来看,系统的时空秩序是有机的、非线性的、自组织的系统时空秩序。时空作为架构和作为关系并不矛盾,本质是统一的,都是时空关系。

从中国生成论的角度来看,世界万物都是从无到有生成的,并不认为宇宙是一个纯粹量化的体系,在宇宙观上,是宇宙一体、天人相通、天人合一的思想。在方法论上,注重的是时空关系,而不是纯粹的时空测度。无论是易经八卦,还是阴阳五行,都不仅是一个时空关系系统,还是一个时空运演系统。在新生事物还没有形成的时候,是否就已经存在了时空关系呢?就像生物的基因,记录了生物的时空秩序,是时空信息。笔者甚至认为时空也应该是生成的,万物都是生成的,如果不生成时空,怎么生成万物呢?万物是秩序,时空也是秩序,都是由"道"而生。

对于事物"无→有→物→物→有→无"的整个生命周期的时空问题总结如下:

(1) 感觉中的物,即"幻相",时空秩序是生成的,代表主客体之间的时空关系,但不是所有的变化,都能感觉到,因此这种时空关系也是动态,非线性的。

(2) 存在中的物,即"物→物",时空作为物的架构,物和物的时空关系是线性的时空关系。

(3) 演化中的物,即"有→物"和"物→有",是动态的、变化的,是非线性的时空关系。

(4) 生成中的物,即"无→有",由信息时空到物理时空,信息时空秩序生成系统的物理时空,信息时空秩序是非线性的时空关系。

(5) 销毁中的物,即"有→无",系统的物理时空消失,信息时空会发生变化或者重组,信息时空秩序是非线性的时空关系。

总之,对于事物"无→有→物→物→有→无"的整个生命周期,时空作为关系、格式、架构,是对系统的不同尺度、不同层次、不同角度的反映和规定。但无论从认识论的角度,还是从原子论、系统论、生成论的角度,都可以统一为时空的关系,最终统一为时空秩序;而且这个时空秩序在"物"生成之前就已经存在,贯穿于物的整个生命周期,时空秩序不是被动的呈现。

4 螺旋论的理论和方法

螺旋论是研究事物从无到有，从有到无的全生命周期的一般模式、规律和秩序的方法。它根据所研究事物（也称为系统）的定义，以时空关系来建立系统的全息的信息时空秩序，作为系统的生成信息，也称为系统的元系统，然后根据元系统来生成系统的所有要素。

螺旋论通过时空关系将中国的传统哲学和西方的科学融为一体，并建立了融合中国传统哲学和西方科学的理论和方法体系，建立了研究事物的"无→有→物→物→有→无"整个生命周期的一般模式、规律和秩序的方法，研究部分和整体、微观和宏观、有限和无限、线性和非线性、简单和复杂之间统一的问题，赋予还原论和系统论新的内涵。

4.1 规律性和目的性的统一

人的实践活动都是有目的的，是在一定思想、理论、计划、方案指导下完成的，人不仅适应外部世界，而且也能动地改造世界，使世界合乎人的内在尺度的需要。人因为需求而认识世界，是认识的目的性，根据掌握的知识去进行实践，则是将内在的目的转化为为我之物的过程，是目的外在化，也就是把内在的尺度投射到对象上去，人的目的性在活动中对象化和形象化了。同时，人又通过实践发展、突破对规律性的发现和掌握，然后满足人类更深层次的需求和实践，而且人在实践的过程中也会直观自身，得到美的欣赏和体验，这也就是合规律性和合目的性的统一和发展,中国传统哲学中的"天人合一"实质也是合规律性和合目的性的统一。

规律性指的是,在事物的发展过程中,既有偶然的转瞬即逝的方面,也有其必然的稳定的方面。规律这一范畴,揭示的就是事物运动发展中的本质的、必然的、稳定的联系。任何规律都是事物的内在的根据和本质联系。例如:万有引力定律揭示了物体之间的本质联系,元素周期律揭示了元素的化学性质与原子系数之间的本质联系,生产关系与生产力状况相适应的规律揭示了物质生产方式的内容及其本质联系[30]。如果把人的目的性和自然界的规律性分开,甚至是对立起来,那么在科学认识领域只能是"人为自然立法",在道德价值领域只能是"人为自己立法",就像蒙培元先生所指出的:"有一件事情同样是清楚的,这就是,人们在不断庆祝科学技术进步的同时,却遭遇到人文价值的不断失落。人们一方面享受着高科技所带来的舒适生活,另一方面却变本加厉地破坏着人类赖以生存的自然环境。"[31]

人类全部生活的历史就是处理人与世界之间的关系的历史,人类不仅通过认识活动观念地把握世界,还通过实践活动现实地改造世界。

"天人合一"的思想在于人与自然的和谐,承认自然界作为人类生命和一切生命之源的内在价值,尊重事物存在的多样性、顺应事物的本性,"制天命而用之"。

荀子所主张的"制天命而用之"和"天人相分"的哲学思想是建立在"天人合一"的基础之上,他反对违背自然规律无条件掠夺自然资源,比如在《荀子·王制》中有这样一段话:"圣王之制也,草木荣华滋硕之时,则斧斤不入山林,不夭其生,不绝其长也。鼋鼍、鱼、鳖、鳅鳝孕别

（产卵——引者）之时，网罟毒药不入泽，不夭其生，不绝其长也。春耕、夏耘、秋收、冬藏，四者不失时，故五谷不绝而百姓有余食也；污池渊沼川泽，谨其时禁，故鱼鳖优多而百姓有余用也；斩伐养长不失其时，故山林不童而百姓有余材也"。

《十六经·姓争》说："明明至微，时反以为机，天道环周，于人反为之客。"讲的是要知道由明（德赏）到微（隐刑）的道理，就要掌握好事物循环往返的运动规律，及时地抓住好的时机，处理好各种事务。天道（自然规律）是循环往返，周而复始的，它主宰万物而为万物之主，但是当人掌握了它以后，天道反过来就成了客——也就是为人类所利用。

在《黄帝四经·经法·国次》篇有这么一段话："人强胜天，慎辟（避）勿当，天反胜人，因与俱行。"人力勉强地胜过自然，千万要避免那些不恰当的做法；相反，自然胜过了人力，那么人就要顺应自然。

目前学界对"天人合一"的理解可谓是众说纷纭，分歧的焦点在两个基本方面：一个是如何理解"天人合一"的"天"，再一个是"天"与"人"究竟是如何"合一"的。对于中国传统文化中的"天"，目前被广泛承认并引用的是冯友兰先生的"天有五义说"[32]。

冯友兰先生认为主要有五种含义。第一种是"物质之天"，就是指日常生活中所看见的苍苍者与地相对的天，就是我们现在所说的天空。第二种是"主宰之天"或"意志之天"，就是指宗教中所说有人格、有意志的"至上神"。第三种是"命运之天"，就是指旧社会中所谓运气。第四种是"自然之天"，就是指唯物主义哲学家所谓自然。第五种是"义理之天"或"道德之天"，就是指唯心主义哲学家所虚构的宇宙的道德法则。这五种含义中最基本的不外乎两个方面：自然的"天"和精神的"天"，就是物质和精神，只不过"天"是最高的境界。

时　空

　　张载说:"儒者则因明致诚,因诚致明,故天人合一,致学而可以成圣,得天而未始遗人。"张载主张"天人合一"是"诚明"的境界,诚即是最高的精神修养,明是最高的智慧。以天人合一为诚明的境界,就是诚明的最高觉悟。

　　程颢强调"人与天地一物也",如果不承认"人与天地一物",就是"自小",这就是说,唯有承认天地万物"莫非己也",才是真正自己认识自己。物质和精神,前者是基础,对后者起决定作用,但是后者一旦生成又可对前者进行意义建构。精神和物质的统一,就是合目的性和合规律性的统一。

　　合目的性是指人由于认识和把握了事物发展的规律性,在实践中能够达到自己的目的,把理想客体变成了现实。

　　合目的性是康德美学中的一个重要概念,而作为先验的判断力的原理的合目的性原理,是康德美学的核心所在。在康德美学中,对目的与目的性等概念进行了定义,康德说:"一个关于对象的概念在它同时包含着这个对象的现实性的基础时叫作目的。"康德把目的分为内在目的与外在目的两种,外在目的指一物的存在是为了它物,是一事物对另一事物的适应性。在这里,康德所谓的"目的"是一种"内在目的",它意指在一事物的概念(本质)中包含着它自己的内在可能性的根据,也就是说,一个事物的形成与发展不取决于任何外在的因素,而是有赖于其内在必然性。很显然,康德的内在目的论,有别于无目的性与外在目的论。

　　关于什么是合目的性的问题,康德给出的定义是这样的,"……而一个物体和诸物的只是按照目的而可能的品质相一致时,叫作该物的形式的合目的性。"在康德看来,判断力的原理,在涉及一般经验的规律下的自然界活动的形式时,就称为在自然界的多样性中的"自然的合目的性"。而自然的合目的性又可分为形式的合目的性和质料的合目的性。

合目的性是生物有机体的生存和人类的活动在同周围环境的关系中所表现出来的一种特性,是生物世界、人类活动领域的复杂因果联系和发展过程的一个特殊方面。在现代,控制论把"合目的性"一词用来表示一切趋达目标的负反馈调节。在负反馈过程中,系统不断把自己的控制结果同目标作比较,通过调节使目标差不断缩小而逼近目标、趋达目标。因此,负反馈调节被看作一种合目的性的行为。

合规律性是指人们要想在实践中实现自己的目的,满足自己的需要,主体必须了解客体对象的状况和属性、本质和结构,在运用物质力量和物质手段作用于客体时,必须遵循客观规律,选择适当的方式方法。

根据马克思、恩格斯的观点,合规律性、合目的性的活动是现实的人的本质和特性。在《资本论》中,马克思提出了人的活动与动物本能活动的区别,他指出:"最蹩脚的建筑师从一开始就比最灵巧的蜜蜂高明的地方,是他在用蜂蜡建筑蜂房以前,已经在自己的头脑中把它建成了。劳动过程结束时得到的结果,在这个过程开始时就已经在劳动者的表象中存在着,即已经有观念地存在着。他不仅使自然物发生形式变化,同时他还在自然物中实现自己的目的,这个目的是他所知道的,是作为规律决定着他的活动的方式和方法的,他必须使他的意志服从这个目的。"在这里,马克思认为,人的活动区别于动物的,不仅在于人能动地认识世界,而且能创造出自然界原本不存在的、符合人的需要的理想客体。人们要想在实践中实现自己的目的,人的活动必须要合规律性。只有做到合规律性,才能使活动的结果合目的性。

"天人合一"的实质是人与天地万物的合目的性和合规律性的关系。比如,《周易·系辞上》说:"《易》与天地准,故能弥纶天地之道。"又说:"一阴一阳之谓道,继之者善也,成之者性也。"这里涉及人与自然界之间的根本性关系,即合目的性关系。也就是说,自然界绝不仅仅是盲目的必然性或机械的因果性,而是有序化的生命演进过程。《易传·文言传》说:"'大人'者,与天地合其德,与日月合其明,与四时合其序,与鬼神合其吉凶。先天而天弗违,后天而奉天时。"按照儒家的理论,天道的规律性(自然法则)与人道的目的性(社会伦理)在逻辑上是一理相通的。

西方经典科学理论把人和自然界分开,认为肯定主体与客体的区别是人的自觉,当时的科技条件下,这种把人与自然界分开的方法极大地促进了科技的发展。而宋明理学则不然,以为承认天人的合一才是人的自觉,这是一个更为深刻的观点。明代理学,集儒家、佛家和道家之大成者王阳明,提出"天地万物本吾一体""意之所在便是物",将传统的天人关系发展成为"心物合一"。这种超越主客体对立而走向天人合一的思想在现代科学思想,尤其在量子力学中体现得淋漓尽致。

规律性认识,是主体以把握客体的本质和规律为目标的认识过程,强调所认识对象是独立于主体之外、不以主体意志为转移的客观存在,唯有如此,人们才能科学地、客观地认识客体的本质和规律,形成概念、定律、定理等理性的知识。《现代汉语词典》对"概念"的解释:思维的基本形式之一,反映客观事物的一般的、本质的特征。人类在认识过程中,把所感觉到的事物的共同特点抽出来,加以概括,就成为概念。概念是思维形式最基本的组成单位，是构成命题、推理的要素。定理是用逻辑的方法判断为正确并作为推理的根据的真命题。定律是为实践和事实所证明，反映事物在一定条件下发展变化的客观规律的论断。定律是一种理论模型，它用以描述特定情况、特定尺度下的现实世界，在其他尺度下可能会失效或者不准确。

目的性认识，主体规律性认识的最终目的是为了主体的实践。因此，随着主体对世界规律性（物的尺度）认识的深入，就会将其转化为主体内在的尺度，形成定义。《现代汉语词典》对"定义"的解释：对于一种事物的本质特征或一个概念的内涵和外延的确切而简要的说明。定义是人为的，是人的目的性，是人想认识一个存在的概念而强行开始的认识过程。

主体实践则是以"合目的性"为中心，按照"合目的性"的要求来处理主体与客体的关系，客体本身和关于客体的规律性知识转换成了主体实现目的的条件、手段和资源。因此，客体不再是独立于主体之外的对象，而是转变为主体价值需要和实践改造的对象。主体在实践的过程中进一步深入、完善规律性认识。

因此，目的性要以规律性为基础，目的能否实现，取决于人在多大程度上掌握和遵循客观事物本身的固有的本质联系；规律性则通过目的性得以展现，为人的目的的实现提供手段和条件。由合规律性提供的是"必然"，合目的性思维所确立的是"应然"，又由双方的相互作用达到规律性与目的性的统一，通过实践转化为"实然"，人类经过由实践到认识，又从认识到实践的辩证发展过程，不断深入，螺旋上升。"通过实践而发现真理，又通过实践而证实真理和发展真理。从感性认识而能动地发展到理性认识，又从理性认识而能动地指导革命实践，改造主观世界和客观世界。实践、认识、再实践、再认识,这种形式,循环往复以至无穷,而实践和认识之每一循环的内容,都比较地进到了高一级的程度。这就是辩证唯物论的全部认识论,这就是辩证唯物论的知行统一观。"

4.2 系统的全息对应

现代宇宙学把整个宇宙作为一个演化系统来进行研究,提出了很多现代宇宙学模型,各个学说之间的争论仍然是很激烈的,到目前为止,没有一个模型是不曾遇到困难的,它们都对一部分现象不能做出满意的解释,但是种种模型基本上都是把观测宇宙看作一个系统整体,从而描述其整体运动规律。1932年,勒梅里提出一个演化宇宙系统模型。这个模型认为宇宙的全部物质最初聚集于一个"原初原子"之中,其密度很大、温度极高,很不稳定,在发生爆炸以后物质向四面八方散开,导致了宇宙膨胀。1948年,美国物理学家伽莫夫(G.Gamow, 1904~1968)进一步发展了大爆炸宇宙论,提出大爆炸宇宙模型,是现代宇宙学中最有影响的一种学说。这个模型认为,我们的宇宙系统曾经达到过一个最大压缩状态,全部物质的密度就犹如束缚在原子核之中的基本粒子密度一样大;这个宇宙通过大爆炸开始膨胀,由一个近乎全由热辐射充满的宇宙,逐渐演化成我们今天观察到的宇宙。大爆炸宇宙论还预言,由于大爆炸有残余辐射遗留下来,大约只有绝对温度几度。1964年,由于彭齐亚斯(A.A.Penzias)和威尔逊(K.G.Wilson)意外发现了2.7K(绝对温度)宇宙微波背景辐射,为大爆炸宇宙论提供了有力的支持,从而使得大爆炸宇宙论迅速在众多竞争的宇宙假说中取得了主导地位。

20世纪80年代提出的暴胀宇宙论中,有较大影响的是古斯(A. Guth)提出的(老)暴胀宇宙论,稍后由林德(A.Linde)等提出的新的暴胀宇宙论,林德后来在1983年又提出的第三个混沌暴胀宇宙论。人们将大统一理论作为暴胀宇宙论的基础,又将超对称理论引入暴胀宇宙论,于是,大爆炸宇宙论与暴胀宇宙论一起,就形成了一个比较合理的宇宙起源图景。那么宇宙的起源又是一个什么状态呢[33]?

宇宙起源和演化可以分为以下几个阶段:

(1)大爆炸开始时:存在一个体积极小、密度极高、温度极高的奇点,空间和时间诞生于某种超时空(部分宇宙学家称为量子真空),其充满着与海森堡不确定性原理相符的量子能量扰动。

(2)宇宙创生期:相应的宇宙年龄为10^{-44}秒,这是实时空的形成阶段,描述这一阶段的假说有霍金(S.W.Hawking)的量子引力理论,还有时空子假说以及八维时空假说等。

(3)宇宙极早期:相应的宇宙年龄约为10^{-36}秒,这一过程发生大统一相变,使得宇宙按指数规律暴涨,即发生宇宙的暴涨。暴涨结束后,宇宙间的不对称开始形成,同时产生了大量的夸克、轻子等基本粒子。

(4)宇宙早期:宇宙年龄大约为10^{-2}秒左右,这是宇宙间各种轻元素形成时期,所以也称为核合成时期。

(5)宇宙近期:当宇宙年龄为10万年时,宇宙温度已经下降到4000K左右,宇宙变成透明的。在这以后,就从均匀的状态演化为具有各种结构的状态。各种尺度的星体及其体系如星系、星系团、恒星等就是在这一时期中逐渐形成的。经过大约200亿年到现在,宇宙的温度已经下降到约3K(绝对温度)。

时 空

宇宙创生之前，对称性极高，不能区分出自然界的四种基本相互作用，它们是统一的，宇宙创生是"道生一"，是从"无"到"有"，(实)时空(从虚时空)产生出来，逐步演化到了我们所面对的宇宙，天旋地转，花开花落。暑往寒来，草荣草枯，宇宙千姿百态、千变万化，同时又表现为一个统一和谐、结构有序的整体。

天地生相通，在古人那里只是一种天才的猜测，现代科学的发展，进一步揭示了这种天地人之间的密切联系。生物体在同化作用中从无机物到有机物的"合成—分解—再合成"周期，是在"地质大循环"的环境之中由微生物、植物和动物共同完成的小循环。

生物活动的"生物钟"生动反映生物节律运动，其中也包括在生物界中构成生命有机体的碳、氢、氧、氮、磷、硫物质的循环。植物、动物物种的系统发育，都要经历周期性的变化过程，它们既受到生物体内自身内在的内源节律的制约，又受到天象周期、地象周期等外源节律的控制。体现着天地生的相互联系和相互作用。

恩格斯就指出："我们所面对着的整个自然界形成一个体系，即各种物体相互联系的总体，而我们在这里所说的物体，是指所有的物质存在，从星球到原子，甚至直到以太粒子，如果我们承认以太粒子存在的话。"[22]

恩格斯所说的"体系"，今天普遍译作"系统"。作为这个宇宙大系统中的人，宇宙是人的宇宙，而人是宇宙之中的人，两者统一于宇宙演化的现阶段。

天人相通、天人交感，是传统东方思维的一个特点。东方传统思维中，所有事物都被看作宇宙整体中相互依赖、不可分割的部分，世界上所有现象都只不过是基本的统一体的表现而已。

这个自发运动、自我组织的统一体,在印度教中被称为梵,在佛教中叫作法身,道教则谓之为道。《道德经》所说"道生一,一生二,二生三,三生万物,万物负阴而抱阳,冲气以为和"的这种思想,则可以解释宇宙千姿百态、千变万化,同时又表现为一个统一和谐、结构有序的整体,体现了部分与整体、宏观与微观、复杂和简单的统一。

人和宇宙相联系,天和人间相感应,这种东方精神长盛不衰。尽管它在近代科学面前曾一度失去了辉煌,今日却又重新得以光彩夺目。以牛顿力学为代表的近代科学是把人排除在科学之外的科学,从而也就把天人的联系割裂开来。而当代科学的发展,又使我们严肃地思考天人之间的联系。钱学森主张把"所谓的'人的宇宙学原理'或'人择原理'扩展成人天观"。他写道:"人同宇宙,主体和客体是相依而存在的,有不可分割的关系"[34]。

现代宇宙学是把整个宇宙作为一个演化系统来进行研究的。宇宙万物都是宇宙这个大系统的子系统,是部分和整体之间的关系。整体和部分是标志事物的可分性和统一性的一对哲学范畴,与"系统和要素""全局和局部"在哲学范畴上相对应。整体包含部分,部分从属于整体。两者不可分割,整体由部分组成,整体只有对于组成它的部分而言,才是一个确定的整体,没有部分就无所谓整体。部分是整体中的部分,只有相对于它所构成的整体而言,才是一个确定的部分,没有整体也无所谓部分,任何部分离开了整体,它就失去了原来的意义。毛泽东说:"全局的东西,不能脱离部分而独立""而局部性的东西是隶属于全局性的东西的"。如果局限于某一部分,就会"堵塞了自己从了解部分到了解整体、到洞察事物的普遍联系的道路"。部分和整体在一定条件下可以互相影响,互相转化。整体的性能状态及其变化会影响部分的性能状态及其变化;反之,部分也制约整体,甚至在一定条件下,关键部分的性能会对整体的性能状态起决定作用。

任何事物都是一个系统。在这个系统之中,整体由部分组成,整体和各部分之间的关系问题是系统的核心问题之一。特定的事物具有特定的结构,特定的结构具有特定的属性和功能。倘若用同一单位量度表示事物的属性,设定事物某一属性的整体功能数量为 S,度量结构中第 i($i=1, 2, 3, \cdots, n$)个组成事物这一属性的数量为 S_i。那么,S 和 S_i 之间的关系呈现三种状态:$S = \sum_{i=1}^{n} S_i$,$S > \sum_{i=1}^{n} S_i$,$S < \sum_{i=1}^{n} S_i$。

(1)整体等于部分之和

由宇宙的创生可知,世界万物,包括人都是由宇宙最初的能量演化而来的,也就都统一于能量,其中包括了有形的物质和无形的意识。爱因斯坦证明所有物体都可以转换为能量,$E = mc^2$,其中 E 为能量,m 为质量,c 为光速,所有的物质可以用能量统一,如果意识也是能量,那么意识属于无形的能量,物质和意识就都统一于能量。根据能量守恒定律,能量不会凭空产生,也不会凭空消失,只能从一种形式转化为另一种形式,在所有能量转换的过程中,总能量保持不变。根据质能方程式 $E = mc^2$,质量可视为能量的另外一种存在形式。那么我们把宇宙系统作为研究对象,从能量的角度来讲,整体等于部分之和。近代的唯物主义者认为整体是物质性的,但他们往往把整体看作各个部分线性的单纯地叠加或机械地堆积在一起的,"整体等于部分之和"。从数学的角度来看,部分和整体之间是线性的,无限是有限的无穷无尽的延伸。

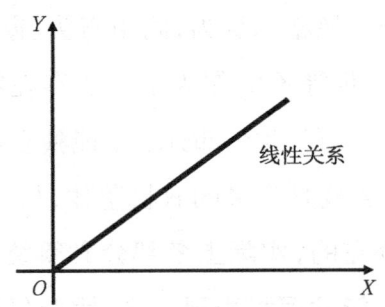

图4.1 整体等于部分之和的线性关系

(2)部分之和不等于整体

辩证唯物论和现代的系统论的整体性是:"系统是由若干要素组成的具有一定新功能的有机整体,各个作为系统子单元的要素一旦组成系统整体,就具有独立要素所不具有的性质和功能,形成了新的系统的质的规定性,从而表现出整体的性质和功能不等于各个要素的性质和功能的简单加和。"[26]基本原则是要素之间的对立统一的联系产生了非线性的相互作用,使得整体不等于部分之和。

辩证唯物论和系统论的整体是有机整体,有机整体的"有机"是广义的"有机",仍指系统整体合规律性、合目的性的有序结构,并非指含碳化合物的"有机",整体不是任意整体,不是部分的机械相加,漠不相关。有机特征是贝塔朗菲建立的一般系统论的最主要特征。

恩格斯的物质基本运动形式分类法,可以按照从低级整体到高级整体的顺序,把物质整体分为五种,即机械整体、物理整体、化学整体、生物整体、社会整体。整体每升高一级,整体性相对加强,各部分独立性相对减弱。例如在生物界,生物体通常不是由可能独立存在的"部分"组成,生物体分解为部分时,部分不仅只是名义上的部分,而且也会丧失其存在的可能。黑格尔认为,同由石头、窗户构成房屋不同,组成生命整体的手、头、足等不能作为独立的存在物。亚里士多德说:"因为将动物各个部分分离,各个部分便不能独立自存"。

五种整体都可以看成是广义的有机整体,机械整体如手表的各种零件表面上是彼此外在的,实际上各部分必须统一于整体,各部分的特性只有通过整体才能发挥和表现出来,因此仍然是有机结合,是一种机械整体;化学整体中如水的性质是氧与氢孤立性质的总和所说明不了的;生物整体中分子水平的功能的相加,不可能解释生物的所有属性;同样,每个家庭的功能和属性的总和,也不等于社会整体的功能和属性。

对于五种整体之间的相互关系而言,高级整体不能归结为低级整体的总和,整体每升高一级,有机结构水平就升高一级,其整体性质就产生了一次飞跃。

①整体大于部分总和。"大于"指整体的有序结构造成了整体的功能、作用优于或胜于部分功能、作用的总和,甚至是部分所没有的特性,"总和"是指性质、功能和作用的总和,不能将它理解成是各部分体积、重量或面积的常数和。动物或人的双眼的视觉功能大大超过两只单眼视觉功能简单相加的总和。实验证明,双眼视敏度比单眼高6~10倍,双眼看东西形成立体感,单眼则做不到这一点。从数学的角度来看,部分和整体之间是图4.2中非线性A的关系。

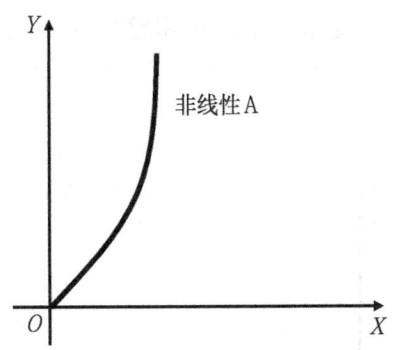

图4.2　整体大于部分之和的非线性关系

②整体小于部分之和。一个系统的整体大于部分之和意味着上升发展,小于则意味着趋于瓦解,是系统自身运演的两种状态,如果把系统放入一个更大的系统之中,"小于"的这种系统要素之间的非线性的相互作用,保持了系统的稳定。19世纪末20世纪初,法国生理学家贝纳德(C.Bernard,1813~1878)就已经发现,一切生命组织都有一个奇妙的共性,这就是它们的内环境在外界环境发生改变时能够保持不变。有机体作为整体存在,需要十分严酷的内部条件,一丝一毫偏离不得,一旦偏离就会导致有机体的死亡,内环境的稳定性是生命存在的条件,而生命所处的生存的外部环境又总是处于动态变化之中,生命具有惊人的能力来克服条件的多样性和内环境要求的严格性之间的矛盾。他对此的结论是,任何生命组织都必须具有"稳态"这样一种基本性质。他将其称为"内稳态",而将生命维持这种内稳态的机制则称之为"拮抗装置"。他认为也许正是这种拮抗装置的存在,一个组织系统才具有受到干扰后能够迅速排除偏差,恢复到正常的稳定状态的功能,生命和系统组织才能够在各种各样的内外干扰下长期存在。

因为要素之间在一定的时空范围内存在着相互吸收、抵消、制约等相互作用，从数学的角度来看，部分和整体之间是图4.3中非线性B的关系。

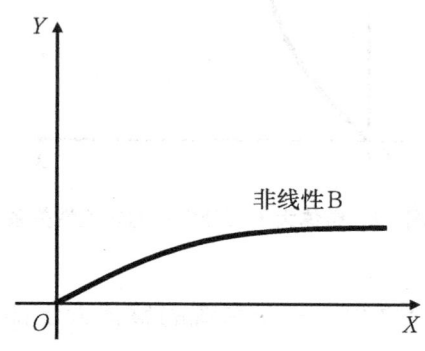

图4.3 整体小于部分之和的非线性关系

任何系统都不是孤立的系统，一个系统可在一定条件下同其他系统发生协调作用，形成相对稳定的性质不同的高一级别的系统，这一系统又和其他系统组成更高级别的系统。同时，每一系统中包含着自己的元素，元素又可成为一个相对独立的系统。人们对系统的认识、描述以至控制，总是在有限的范围进行，暂时地把一个系统从大系统中割裂出来，因此都无法排除暂时性和局部性。

一个系统从不同的层面、尺度、维度或者角度出发，整体和部分的总和之间的状态是不完全相同的。整体和部分之和之间的大于、等于、小于三种状态完全可能同时存在于同一系统中。当系统在某一层面表现出整体大于部分之和的时候，另一层面上可能表现出整体等于或小于部分之和现象。比如，当三个和尚在挑水问题上出现"整体小于部分之和"时，并不意味在其他方面不存在线性叠加的"等于"现象，如烧香的数量，也不意味在其他方面不存在有机结合的"大于"现象，如共同对付外界的侵扰。

宇宙范围内的系统从物质循环和能量转化的角度来讲，整体等于部分的总和，那么有机系统是如何做到整体大于部分的总和而实现发展的呢？系统功能根本不同于各要素的功能，但两者又是相互制约、相互依赖的，其中介或由此及彼的桥梁就是系统的结构。

整体是部分以一定的结构形式互相联系、相互作用着的，从而使事物的整体具有其组成部分在孤立状态中所没有的新的属性和规律，结构是要素的秩序，是系统的时空秩序。它赋予系统以必要的整体性，决定系统稳定的特征。物质的结构是物质诸要素之间联系和相互作用的桥梁，只有在事物的相互联系之中，事物的本质、特征和属性才能表现出来。

"整体大于部分总和"正是系统的多变量、多层次联系产生新质的结果。系统的结构有序性的程度，标志该系统包含的结构信息量的大小。

按照普里高津等人的看法，信息就是"负熵"，是不确定性的消除。因此，结构信息量愈大，熵越小，诸要素间的相互作用愈强，整体性能愈大。系统由低级有序到高级有序，系统整体上质的飞跃，正是结构信息量增大带来的结果。要素间的有序结构导致系统整体功能大于孤立部分功能之总和。根据这个理论，如果结构的信息包含了系统的全部信息，我们称为"全息"，也就达到了部分和整体的统一，每一部分中都包含着其他部分，同时它又被包含在其他部分之中，则系统是最优化的。

脑部科学家卡尔·拉什利（Karl Lashley）发现不管老鼠脑部的什么部位被割除，都不会影响它的记忆，它仍旧能表现手术前所学到的复杂技能。唯一的问题是没有人能提出一套理论来解释这种奇怪的"整体存在于每一部分"的记忆储存本质。全息所包含要素的有序联系不是系统结构所体现的静态联系，应该是动态的，且能有目的地演化和发展，事物总是力图按照全息秩序所确定的模式来复制新事物。一棵树，如果基因只是一种灌木，它就绝不可能长成参天巨木。它的树叶虽然每一片都与另一片不同，但所有的树叶，却都从属于一种基本的形态和类型，这表明确实存在着约束一种树生长发育的内在秩序。这种秩序生物学家有时称为"遗传密码"，指来自遗传基因中的信息组织。这种基因信息是信息时空秩序，决定了生物的形体、外貌的形成，由生到死的整个发展变化过程，信息时空秩序是物质的"灵魂"，全息是有差别的全息。

"全息"一词，现代最早用在激光照片里，是光学应用的描述。比如一张照片，里面有一个人像，如果我们把这照片切成两半，从任何一半中我们都能看到原先完整的人像；如果我们再把它撕成许多许多的碎片，我们仍能从每块小碎片中看到完整的影像。这样的照片就叫全息照片。1948年，英籍匈牙利科学家加博尔提出并证实了全息照相理论，为光学全息科技的发展奠定了理论基础。1960年发明的激光技术，提供了良好的相干光源，使全息照相获得飞速发展和广泛应用。1971年，加博尔为此获得诺贝尔物理学奖。

全息论，实际上与中国古代的"天人合一"的概念相一致。中国古老的伏羲先天易学与周文王的后天易学中充满着闪光的全息智慧。

按照《周易·易辞下》的说法，《周易》产生于对天地之间的事物的概括，"古者包牺氏之王天下也，仰则观象于天，俯则观法于地，观鸟兽之文，与地之宜，近取诸身，远取诸物，于是始作八卦"，其目的是"以通神明之德，以类万物之情"。其以天地为准则，所以能够将天地间的道理普遍包容在内，从整体上把握宇宙及其万事万物，即"《易》与天地准，故能弥纶天地之道。"

按照《周易》以天地为准则，将天地间的道理普遍包容在内，从整体上把握宇宙及其万事万物：八卦分别代表了天、地、雷、风、水、火、山、泽八种最基本的实体要素，将其进一步联系起来排成序列，便包含了天地间的万种物象。由八卦重叠成六十四卦，包含了三百八十四爻，爻与爻之间的推移变化，便包含了变动的规律。

中医理论认为，人体是一个有机整体，内脏有病可以反映到体表。《灵枢·本脏》有"有诸内者，必形诸外"，故曰："视其外应，以知其内脏，则知所病矣"。

宇宙全息论由当代著名量子物理学家戴维·玻姆（David Joseph Bohm）在《整体性与隐缠序：卷展中的宇宙与意识》一书中提及，由诺贝尔奖得主、荷兰乌得勒支大学的G.霍夫特于1993年正式提出。宇宙是各部分之间全息关联的统一整体。在宇宙整体中，各子系与系统、系统与宇宙之间全息对应。凡相互对应的部位较之非相互对应的部位，在物质、结构、能量、信息、精神与功能等宇宙要素上相似程度较大。在潜态信息上，子系统包含着系统的全部信息，系统包含着宇宙的全部信息。在显态信息上，子系统是系统的缩影，系统是宇宙的缩影[35]。

2500年前，庄子发问："天其运乎？地其处乎？日月其争于所乎？孰主张是？孰维纲是？孰居无事推而行是？意者其有机缄而不得已乎？意者其运转而不能自止邪？云者为雨乎？雨者为云乎？孰隆施是？孰居无事淫乐而劝是？风起北方，一西一东，有上彷徨。孰嘘吸是？孰居无事而披拂是？敢问何故？"

老子把宇宙的一切都归为"道"，如果把"道"描绘成宇宙能量合目的性和合规律性秩序的全息，宇宙是个混沌体，那么这个混沌体是由能量和"道"构成的，从宏观的角度讲，能量充满宇宙的一切时空，"道"控制着宇宙万事万物的运行和发展变化。从微观的角度讲，一个原子、一个分子、一个人都是结构与能量的联合体，与外界相互感应，共处于"道"和能量这个统一体中。

宇宙中的万事万物也都有自己的全息，从庞大的宇宙天体到显微镜下才能看到的微尘，都是息息相关、相互贯通的，你中有我，我中有你。宇宙万物的总体图像是循环嵌套，形成无数运动的螺旋式的等级系统，其背后是万物的全息的循环嵌套。

系统的全息对应，是系统的部分与整体、宏观与微观的全息对应；是系统同一层次之间、不同层次之间的全息对应；是系统的开端与结果、系统发展的大过程与小过程，都存在着相互的全息对应。

4.3 系统生命周期的全貌

正如现代宇宙学所表明的，整个观测宇宙有其从无到有的历史，处在发展演化之中，种种的微观粒子也是有生有灭，"万物皆流，无物常驻"，一切都将被时间席卷而去，其中某一种事物具体的存在形式都是有其相对的稳定性的。宇宙本身是一个大循环，宇宙中万物的生死是宇宙生命中的一个个小循环，就如同人身体里的细胞的新陈代谢，死亡是个体回归整体，也是生命的另一个阶段，另一个循环。但在生死之间，生命周期之中也有发展、质变，也有很多循环，不停地和环境进行物质、能量、信息的交换。因此，这个模式可以描述为：

"无→有→物→物→有→无",也可以描述为:"0→1→N→N→1→0",其中,0表示无,1表示有,N表示物,物是由很多要素组成的。

一个有机整体的宏观大循环是这种模式,其中包含无数的最微观的小循环也同样是这种模式,构成了部分和整体的统一,协同演化、发展。

《周易·序卦》说:"有天地,然后万物生焉。盈天地之间者唯万物。"《周易》自始至终将宇宙万物作为有生命的整体去领悟和把握,《周易》的六十四卦是一个整体,每卦又自成一个整体,体现了世界的生成演化的结果为层次系统模式,同时也是世界生成演化的模式。从爻作为卦的要素的层次以及卦作为整个体系的要素的层次上,组成一卦的六爻之间存在着相互制约的关系,任意变动其中的一爻就会引起一系列相关的变化,不仅会造成内部诸关系的改变,而且还可能影响与其密切相关的外部关系。这反映出《周易》世界是一个动态、循环演化的系统整体。

古人认为事物的发展是由低渐高,由微而著的,因此,六爻自下而上排列成卦。所以六爻各有象征意蕴:初位之爻象征事物孕育发端;二位之爻象征事物崭露头角;三位之爻象征事物功业小成;四位之爻象征事物新进高层;五位之爻象征事物圆满成功;上位之爻象征事物发展终尽。这符合自然万物的生化发展过程——六爻揭示了宇宙万物的动态发展的趋势。初位之爻到二位之爻的过程可以用"0→1"表示;二位之爻到三位之爻可以用"1→N"表示;三位之爻到四位之爻可以用"N→N"表示;四位之爻到五位之爻可以用"N→1"表示;五位之爻到上位之爻可以用"1→0"表示。《周易》揭示事物发展的生命周期也可以描述为:"0→1→N→N→1→0"。

时空

　　如果把事物放在宇宙这个系统中去考虑,宇宙万事万物的"共性"的大"道"是不变的,把事物的生灭归结为宇宙的大"道",那么在这个尺度下和角度下,事物的生生灭灭也只是循环。但是把大"道"衍生出来的不同层次上具体事物系统的小"道",把事物本身作为一个系统去考虑,事物本身的秩序和层次的发展由简单到复杂,由低级到高级的发展不是一个线性的循环,而是一个螺旋上升的曲线。

　　黑格尔认为,在发展中,作为开端的东西,是没有任何规定性的抽象物,是个浑然的整体,但它潜在地包含着以后发展中的各个环节,作为它自身的对立面。我们将"浑然的整体"称之为"有"。发展就是这些对立面的展开,是对开端所包含的各个环节间相互联系、相互转化的体现,我们称之为"有→物"。世界上的事物之所以千差万别,就是因为他们各有自己特殊的质的规定性,也就是上述的"这些对立面",是"有"能发展为"物",即"有→物"的根本原因。而这个"物"能够存在就必须和环境进行能量、物质和信息的交换,有发展、质变,也有很多循环,也就是"物→物"。最终从自身出发,又回到自身,但它不是原来事物的简单重复,而是在更高、更丰富的基础上的复归,是"物→有→无"的过程,死亡是个体回归整体,也是生命的另一个阶段,另一个循环(如图4.4所示)。

　　事物自身的发展在于对立面的又斗争又统一之中,实现由低级到高级的辩证运动,其基本方向、总趋势是前进的、上升的,是一个螺旋式的曲折前进的过程。因此本书将这种研究事物全生命周期的方法论取名为螺旋论。

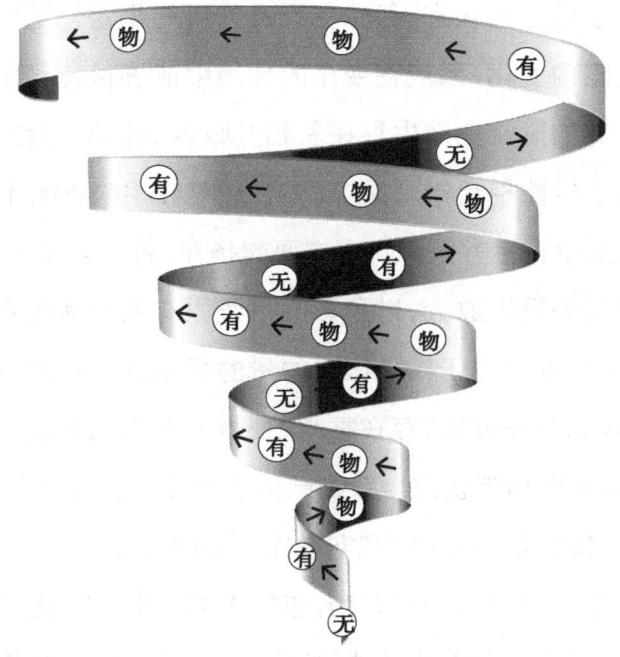

图4.4 系统的循环模式

螺旋论以时空关系来研究事物从无到有,从有到无的全生命周期,其轴心是系统的合目的性和合规律性的统一,而系统是否合目的性,取决于系统的时空秩序是否合目的性,而时空秩序是系统各要素之间以及系统和环境之间相互作用的结果,这种相互作用分为线性和非线性两种关系,其中非线性分为"非线性A"和"非线性B"(如图4.5所示)。

任何事物内部都存在着肯定因素和否定因素,都是肯定方面和否定方面的对立统一,也是稳定和发展的对立统一。在一定的条件下,肯定因素是系统具有稳定性的因素,通过系统中负反馈的调节,使得系统运动趋于稳定的状态,保持在原有的质的规定性范围之内,变化在量变的范围内变化,系统在变化的环境中能够保持稳定,是因为要素之间在一定的时空范围内存在着相互吸收、抵消、制约等整体小于部分总和的非线性相互作用,在数学上是图4.5中"非线性B"的关系;事物自身发展中否定方面对肯定方面的扬弃,否定因素可以通过系统中的正反馈机制得以放大,以致影响系统原有的总体稳定性,使系统失稳,使系统的变化趋于突破已有的量的规定性,越过原有的稳定阈值,突破已有的存在方式、存在框架,使得系统运动表现出新颖性、发生质变,进入新的稳定状态。系统产生了整体大于部分总和的非线性相互作用,在数学上是图4.5中"非线性A"的关系。

由宇宙的创生可知,世界万物,包括人都是由宇宙最初的能量演化而来的,也就都统一于能量,根据能量守恒定律,如果我们把宇宙系统作为研究对象,从能量的角度讲,整体等于部分之和,也就是说部分和整体之间是简单的线性关系。

爱因斯坦的质能方程,揭示了物质质量与能量的关系,$E=mc^2$,其中 E 为能量,m 为质量,c 为光速。这个质能方程更深刻地揭示了复杂和简单之间的统一,宇宙万物无论形态、功能多么复杂,多么千差万别,和能量之间只是简单的线性关系。

"道生一,一生二,二生三,三生万物,万物负阴而抱阳",同样说明了一个简单与复杂的关系。事物的简单与复杂的动态发展过程,体现了世界是简单性与复杂性的统一,由简单生成复杂,并沿着趋向复杂的方向不断演化。因此,复杂性是现实的表面现象,而内在的简单性才是它的固有的本质。

简单与复杂的问题,也可以归结为线性和非线性的问题,简单与复杂的统一归结为线性和非线性的统一,也就是用线性的方法实现呈现出来的非线性的秩序。比如数学分形虽然具有无限的细节、无穷无尽的复杂性,但究其原因,只是一个很简单的数学规则在计算机中反复应用的结果。

复杂意味着时空关系复杂,即在时空上的非线性的存在、变化、相互作用;简单意味着时空关系简单,即在时空上简单的,甚至是线性的存在、变化、相互作用。复杂和简单的统一,就是在不同的视角、维度和尺度下,表现出来不同的时空关系,将复杂的时空关系转化为简单的时空关系进行等效解决。

稳定和发展是相互制约、相互转化,形成了系统的自发调节机制,使得系统具有整体的、有机的、多层次的联系之网,构成了系统的稳定和发展演化的辩证统一,现实世界的系统都是在稳定基础上得以发展的,通过发展又获得新的稳定性。因此,有机系统是"非线性B"和"非线性A"的统一,"非线性A"表示的是发展,是有限到无限的秩序;"非线性B"表示的是稳定,是无限到有限的秩序;而线性则是实现这两种秩序的方法、途径,体现的是复杂和简单的统一。稳定和发展主要体现的是系统的目的性,复杂和简单主要体现的是系统的规律性,稳定与发展的统一,简单与复杂的统一,则是系统的合目的性和合规律性的统一,从时空秩序上则是螺旋式的发展。

时 空

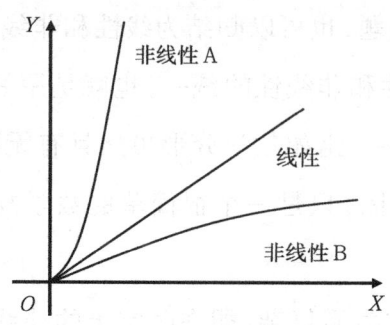

图 4.5　系统和环境相互作用关系

4.4　方法论的统一

无论东方还是西方，虽然研究的起点和方向不同，但都一直在探索世界的本源，只是中国传统哲学追求"天人合一"是以内求为主，"能尽人之性，则能尽物之性"。人性统统了解了，宇宙万物的性质就都清楚了，因此以研究"无"为主；西方科学是以外求为主，通过研究物来探寻世界的本源，认为物的本源找到了，宇宙万物的性质就都清楚，以研究"物"为主。螺旋论就是通过时空关系和时空秩序来建立涵盖"0→1→N→N→1→0"全生命周期的方法论，即包括"物""有"和"无"，"天下万物生于有，有生于无"。因此要研究时空秩序从无到有，从有到无，在系统的部分与整体，宏观与微观，乃至跨层次的整个过程中的传送和转换。研究贯穿所有层次的普遍规律和层次间跃迁的共同规律。不但能将已有还原论、系统论包容进来，而且还应该能够赋予新的特性，并且赋予新的生命。

因为"0→1"和"1→0"需要解决虚实统一的问题；"1→N"和"N→1"是一个复杂的非线性变化过程，需要解决简单和复杂的统一的问题；"N→N"则是方法论最为成熟的范畴，需要解决的是和其他方法论融合的问题。

"0→1"是在目的性和规律性的统一下形成的系统生成信息,是从无到有的过程,1是系统最初的存在,是"万物生于有"中的"有";

"1→N"是系统成长、发展的过程,N是系统所包含的要素;

"N→N"是系统内部相互作用,以及和其他系统相互作用的过程;

"N→1"是多个子系统或者系统的统一,结构重组,发展演化的过程,这个阶段的1是一个更复杂、更高级的系统;

"1→0"则是突破性发展,是系统本质上的改变,即将孕育新的生命周期。

因此,关键在于解决"0→1"的生成过程。《道德经》所说"道生一,一生二,二生三,三生万物,万物负阴而抱阳,冲气以为和"是对于"有生于无"的细化,即对"0→1"的过程的细化,即1是"三生万物"的"三","三"既然能生万物,那么"三"就已经具备了万物的生成信息,类似于生物的遗传信息,我们把"三"的生成信息称为元系统,元系统也体现了系统的目的性和规律性的统一。生物学发现了遗传信息的存在,羊的遗传信息总是生羊,狗的遗传信息总是生狗。这种遗传信息已经预设了一个生物一生的身高、体重、形态等的范围,从某种程度上已经预设了这个生物未来的命运,这是生成系统的目的性和规律性。那么元系统是如何生成的呢?

我们把人称为主体,例如建造一座房子,首先要形成房子的概念和定义,是主体意识或精神层面的思维的理性体现,我们称为"目的秩序",然后设计所建房子的设计图,设计图就属于"信息秩序",然后按照设计图来建造房子,建筑材料空间分布、理化结构、力学结构等构成的"物质秩序",确保房子的物理存在,满足设计图的功能、性能要求。

房子在使用过程中的维修也要查看设计图,而改建则是要修改设计图,重建则是设计图的重新设计。而为什么要造这座房?主体的需求是这座房子之所以产生的根本原因。决定系统诞生或者整体重建的,不是系统的物质成分,而系统生长的规律也不是系统的物质构成及大小尺度所决定的。主体通过"目的秩序"建立"信息秩序","信息秩序"组织物质运转满足"主体"的需要,而随着"主体"需求的变化,修改"目的秩序",改进"信息秩序"、重建"物质秩序",系统则不断的演化,随着时间呈现螺旋状发展(如图4.6所示)。

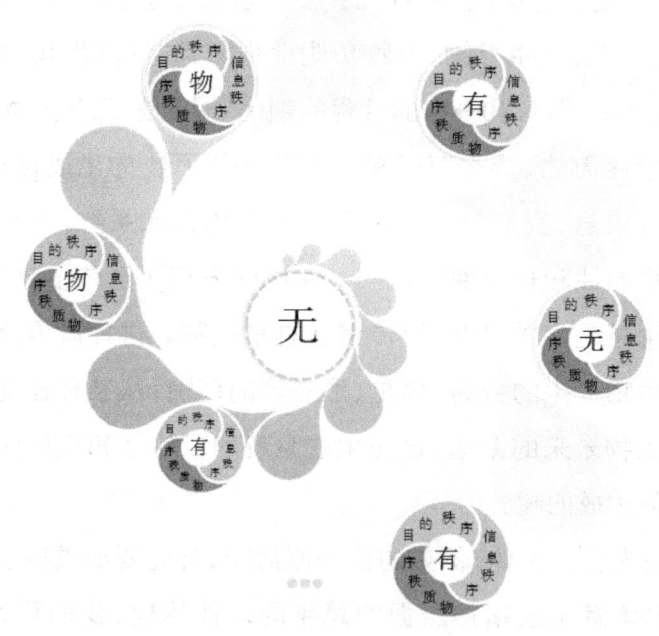

图4.6 时空螺旋

那么如何建立"信息秩序"呢?

根据唯物辩证法,任何一个有机整体都是矛盾的统一体。对立统一的双方之所以能够相互作用、相互转化,根本原因在于相互联系。世界中的万事万物都处在相互作用的普遍联系之中,都处在不断产生、不断消亡的运动、变化和发展的永恒的过程之中,对立统一又是普遍联系的最本质的内容,是世界普遍联系和事物自我发展的根本原因,联系和发展是辩证法的总特征。首先,对立统一是联系的根本内容,事物之间的联系说到底是事物内部矛盾双方既相互对立又相互统一的联系;同时,对立统一又是事物发展变化的动力,事物的内部矛盾是事物变化发展的根本原因。

中国的传统哲学,辩证唯物论以及现代种种系统理论,特别是系统自组织理论,都自觉的认识到对立统一对于系统发展演化的根本作用。对立统一是系统演化的真正动力源泉,使得对立统一成为系统科学的基本范畴。在哲学发展的初期就已具有关于对立面的统一和斗争的思想。在欧洲,古希腊米利都学派关于"始基"的思想中已包含有对立统一的思想,赫拉克利特提出"相反者相成:对立的统一",亚里士多德则讨论了一系列范畴的对立统一的关系。在中国古代,对立统一的观点是中国优秀文化传统的重要内容,已渗透到中国文化的方方面面,形成了如下观点:

(1)对立统一是构成事物的本性及其运动的法则,如《易经》中的"一阴一阳之谓道",认为事物都有阴阳两个方面、两种力量,相反相成,相互推移,不可偏废,构成事物的本性及其运动的法则。

(2)对立统一是变化的原因,如《易经》中的"刚柔相推而生变化"。如果没有对立的两面,就不会有统一,而没有了统一,事物就不能发展变化。如宋代张载提出了"一物两体"的对立统一的观点,并认为"两不立,则一不可见,一不可见,则两之用息",而且进一步肯定了事物发展的根本原因在于内因,即内部存在的对立面,"一故神,二故化""大地变化,二端而已"。

（3）对立的事物是相互依存的辩证关系,如《道德经》中"有无相生,难易相成,长短相形,高下相倾,音声相和,前后相随"。

（4）对立的双方相互转化是一种普遍现象,如《道德经》"曲则全,枉则直,洼则盈,敝则新,少则得,多则惑,弱之胜强,柔之胜刚,祸兮,福之所倚;福兮,祸之所伏"。

（5）万事万物都是对立面的统一,对立统一是普遍存在的,如程颢、程颐认为"天地万物之理,无独必有对""万物莫不有对,一阴一阳,一善一恶"。朱熹发展了二程的辩证法思想,他不仅认为"物皆有对",而且明确指出"独中有对"。这就不仅说明了事物之间的矛盾关系,而且涉及了事物内部矛盾。

在西方的近代自然科学,尤其是以伽利略、牛顿为代表的经典物理学,以事物的存在为研究对象,一般不去考虑事物的发生、发展和演化,虽然经典力学中用吸引力和排斥力来说明物理现象,但是都是从事物的量的方面加以说明。康德以吸引力和排斥力两种力的相互作用来说明太阳系的起源和演化,这里有了质的变化,从而突破了仅仅把吸引力和排斥力用来说明量的变化,冲破了形而上学的被组织的宇宙观。是否承认事物的内部矛盾,是唯物辩证法和形而上学的根本分歧和斗争焦点。黑格尔第一次阐述了对立统一规律,指出"一切事物本身都自在地是矛盾的""矛盾则是一切运动和生命力的根源"。马克思、恩格斯批判了黑格尔的唯心主义体系,吸取了他的辩证法思想,创立了唯物辩证法,唯物辩证法的根本规律是对立统一规律,亦称对立面的统一和斗争的规律或矛盾规律。唯物辩证法深入地揭示了对立统一规律,并给予了科学的论述,揭示了事物"自己运动"的源泉在于事物内部的矛盾性。

系统由要素构成,要素本身也是一个系统,没有孤立的要素,要素之间存在着对立统一,要素的内部也存在着对立统一,因此可以说系统是由对立统一群构成的。

所谓的系统是由多方面的对立统一构成的矛盾体系,系统中的多个矛盾以及矛盾的各个方面在事物发展中的地位和作用是不同的,有主要矛盾和非主要矛盾、矛盾的主要方面和非主要方面。

首先,主要矛盾规定和制约着次要矛盾的存在和发展,对事物的发展起主导和决定作用。

其次,主要矛盾和次要矛盾的地位不是一成不变的,在一定条件下它们可以相互转化,即主要矛盾转化为次要矛盾,次要矛盾上升为主要矛盾,事物的性质也就发生了变化。

主要矛盾和次要矛盾是相互影响、相互制约,并在一定条件下相互转化的关系。

不论是主要矛盾还是非主要矛盾,其矛盾自身的对立双方也总有一方是处于支配地位、对事物的发展起主导和决定作用的,即矛盾的主要方面;与之对应的是矛盾的非主要方面。矛盾的主要方面和次要方面是相互影响、相互制约,并在一定条件下相互转化的关系。

首先,矛盾的主要方面支配和决定矛盾的次要方面,事物的性质主要是由处于支配地位的矛盾的主要方面决定的;另一方面,矛盾的次要方面也制约和影响着矛盾的主要方面。

其次,矛盾的主要方面和次要方面的地位不是固定不变的,在一定条件下它们可以相互转化,随着矛盾双方主次地位的转化,事物的性质也就发生了变化。

由于对立统一的双方之间的不平衡性,带来了系统中各个子系统在获取物质、能量和信息方面出现非平衡。其中的一些子系统率先突破系统的既有稳定域,趋向于其他可能的稳定域,而且得到许多子系统的承认和响应时,特别是当它得到整个系统的响应时,非平衡进一步加大,对立统一双方主次地位的转化,量变到质变,系统发生质变,进入新的稳定状态,表现为系统的层次性。

事物从简单到复杂、从低级到高级的发展不是直线式的,而是近似于一串圆圈,即由自身出发,仿佛又回到自身,并得到丰富和提高的辩证过程,近似于螺旋的曲线。

每个对立统一都对应着物质运动的秩序,时间和空间是运动着的物质的存在形式,因此都可以统一为时空秩序。根据对立统一建立系统的联系的秩序,也就是"信息秩序",根据主要对立统一,也就是主要矛盾建立系统的宏观秩序,然后在宏观秩序的约束下根据各次要矛盾的秩序,对于系统包含的子系统、子系统之间、要素之间,要素本身按照同样的方法依次建立"信息秩序"。

"物质秩序"归结为时空秩序,而且这个时空秩序在"物"生成之前,"物"的"信息秩序"就已经存在了,贯穿于"物"的整个生命周期,外在体现是"物"的时空秩序,"物"的时空秩序不是因为物而被动呈现的,在生成"物"之前就已经存在于"信息秩序"之中。

时空秩序也是由"道"而生,在人工系统中就是由需求的驱动和"物"的规律的掌握相结合而生成的,也就是合目的性和合规律性的统一而生。时间反映了需求的变化,空间反映了需求的作用范围,时空表示了需求的存在和变化,系统的整个生命周期都是需求的存在和变化的体现。

"目的秩序""信息秩序"也统一为时空秩序,这样时空秩序就统一了"目的秩序""信息秩序"和"物质秩序",合规律性和合目的性的统一,就是时空秩序的统一,涵盖事物的"0→1→N→N→1→0"整个生命周期。所以,生成系统的元系统,就是从系统的定义开始,生成系统的时空秩序。人工系统如果按照"道生一,一生二,二生三,三生万物"的范式来生成元系统,"道"就是合规律性和合目的性的统一。

"道生一","一"是系统的定义,是在系统的宏观层面的合目的性和合规律性的统一。

"一生二","二"是根据"一"所确定的性质,将"一"所包含的要素划分为两类相互作用、相互转化、相互对立、相互统一的两种属性,如同阴阳,然后根据系统的目的性和规律性来建立两种属性的要素相互作用、相互转化的规则、方法、途径,确定了两种属性之间的秩序,即建立系统的宏观时空秩序。

"二生三",根据定义所确定的系统的要素,以"一"为目标,用"二"的"宏观时空秩序"建立相互作用的各要素之间的"信息时空秩序"。如果要素也是一个系统,即系统的子系统,那么子系统仍然按照上述的"道生一,一生二,二生三,三生万物"的范式,用本级元系统生成子系统的"信息时空秩序"。将所有系统和子系统的"信息时空秩序"总称之为元系统,是"三"的生成信息,而且是全息的时空信息。

"三生万物",决定系统诞生或者整体重建的,不是系统的物质成分;系统生长的规律也不是系统的物质构成及大小尺度所决定的,而是元系统。通过元系统生成系统的所有要素,元系统含有最宏观的时空秩序,但存在于系统的最微观的单元之中。

中国古代思想家也在生灭变化的世界之外探索一个永恒的本质世界,但他们认为这个本质不是有形的物质的,而是无形的"道"。

《道德经》第四章中写道:"道冲,而用之有弗盈也。渊呵!似万物之宗。锉其兑,解其纷,和其光,同其尘。湛呵!似或存。吾不知其谁之子,象帝之先。"在这一章里,老子论述"道"的内涵。他认为,"道"是空虚无形的,人们视而不见,触而不着,只能依赖于意识去感知它。虽然"道"是虚体的,但它并非一无所有,而是蕴含着物质世界的创造性因素,它所能发挥的作用却是无法限量的,是无穷无尽而且永远不会枯竭。它是万事万物的宗主,支配着一切事物,是宇宙天地存在和发展变化必须依赖的力量。这种因素极为丰富,极其久远,存在于天帝产生之先。因而,创造宇宙天地万物自然界的是"道",而不是天帝,老子提出了无神论的思想。

在《道德经》第二十五章中写道:"有物混成先天地生。寂兮寥兮独立不改,周行而不殆,可以为天下母。吾不知其名,强字之曰道。"这一章节老子再次论述"道"的内涵,无声无形,先天地而存在,循环运行不息,是产生天地万物之"母"。因此"道"是创生的,"道生一,一生二,二生三,三生万物,万物负阴而抱阳"。

螺旋论是中国传统哲学和西方科学的融合,用于建立系统"无→有→物→物→有→无"的整个生命周期不同发展阶段的时空秩序,发展方向,不同阶段之间时空秩序的演化规则、方法、途径等。

系统内部的要素、子系统之间以及系统与环境之间,既存在整体同一性又存在个体差异性,整体同一性表现为协同因素,个体差异性表现出竞争因素,通过竞争和协同的相互对立、相互转化,推动系统的演化发展,这也是系统论的竞争协同律。系统在系统内外两方面因素的复杂非线性相互作用下,内部要素偏离系统稳定状态的涨落,如果符合系统发展趋向,即更加合目的,就会得以放大,从而在系统中产生更大范围、更强烈的长程相关,自发组织起来,使系统从无序到有序,从低级有序到高级有序或者从一种有序到另一种有序,系统产生突变,跃迁到更高层次的循环。

4.5 系统的生成过程

螺旋论与构成论不同,构成论是先有要素实体,然后通过系统的要素的相互作用构成整体,从而形成系统的秩序的;螺旋论是先生成系统的秩序,后生成系统,这里的秩序是系统的生成者。系统相对于元系统而言是已知的,其生成和演化是通过信息反馈,由目的引导、生成、发展、演化的。有发展有退化,用进废退,最终又归结为元系统的发展和演化,由简单到复杂,由低级到高级。系统的生成是由系统的元系统指导要素和子系统的生成组成的,运行的过程是子系统不断出现,随着环境的变化,系统不断演化发展的过程。

系统是由要素组成的。系统与要素的定位是随着层级的不同而发生变化的:一个要素是系统的组成部分,这个系统在更高一级的系统中又是一个组成要素;一个系统由几个要素构成,其中任何一个要素又是更低一级的子系统。系统被称为系统,实际上只是相对于它的子系统(即要素)而言的,而它自身则是上级系统的子系统(即要素),如图4.7所示。

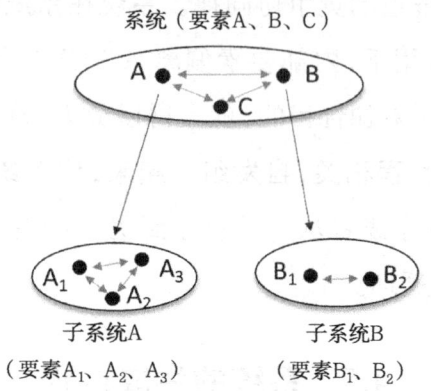

图4.7　系统与子系统

4.5.1　生成元系统

建立元系统

（1）确定系统的定义

系统的定义是合目的性和合规律性的统一。作为主体的人类，通过有意识的实践来认识客观世界，人类在认识过程中，把所感觉到的事物的共同特点抽出来，加以概括，就成为概念。概念是认识客观世界普遍联系之网的网上纽结，反映了事物自身所包含的种种对立统一的各个侧面，是人对自然界认识的各个环节。可以帮助人们从事物的各个不同的侧面分析事物的矛盾，从而达到对事物的较全面的认识。

主体对世界规律性的认识的最终目的是为了主体的实践。因此，随着主体对世界规律性（物的尺度）的认识，在主体的需求的推动下，在对事物的认识不断深入的过程中，确定一个认识对象或事物在有关事物的综合分类系统中的位置和界限，使这个认识对象或事物从有关事物中能区分出来，就会将其转化为主体内在的尺度，形成定义，即

"道生一","道"是主体的理性需求,也就是主体的合规律性的目的。"一"是定义,是对于一种事物的本质特征或一个概念的内涵和外延所做的简要说明。内涵是定义所包含的所有事物的共有特征,确定了主体的需求的性质;外延是定义所包含的所有事物,我们可以将定义中包含的事物称为要素,即确定了定义所包含的内容的范围。

(2)用定义生成系统的宏观时空秩序

根据定义中事物的本质,将定义中包含的要素划分为相互作用、相互转化、相互对立、相互统一的两种属性,如同阴阳,即"一生二",也是辩证唯物论中的对立统一,然后建立对立统一的两种属性的要素相互作用、相互转化的规则、方法、途径,从而确定了两种属性之间的秩序。在系统中如果包含和物理时空没有直接关系的逻辑、规则、方法、途径、数学公式等,但体现了需求的时空,最终体现在系统的时空秩序上,我们将其统称为"信息时空秩序"。"二"的"信息时空秩序"是系统的宏观时空秩序,决定了系统所表现的宏观特性。

(3)用宏观时空秩序生成系统的信息时空秩序

根据系统定义所确定的系统的要素,根据系统的目的性,用系统的宏观时空秩序建立相互作用的各要素之间的"信息时空秩序"。如果要素也是一个系统,即系统的子系统,那么子系统可以根据不同系统的情况,按照下述"相对全息元系统"和"全息元系统"的方法建立系统信息时空秩序。

①相对全息元系统。根据系统的目的性,用系统的宏观时空秩序建立相互作用的各要素之间的"信息时空秩序",是系统的这一层级的整体的"信息时空秩序",也就是这一层级的元系统。如果要素也是一个系统,即系统的子系统,那么子系统仍然按照上述的"确定系统的定

义、用定义生成系统的宏观时空秩序、用宏观时空秩序生成系统的信息时空秩序"的方法,用本级元系统生成子系统的元系统。

对于相对全息的元系统来说,子系统的元系统包含了所有父系统的"信息时空秩序",对于同一层级或者低一层级的子系统,要通过获得其元系统,才能获得其"信息时空秩序"。

②全息元系统。根据系统的目的性,用系统的宏观时空秩序建立相互作用的各要素之间的"信息时空秩序",是系统的这一层级的整体的"信息时空秩序",如果要素也是一个系统,即系统的子系统,那么子系统仍然按照上述的"确定系统的定义、用定义生成系统的宏观时空秩序、用宏观时空秩序生成系统的信息时空秩序"的方法,用本级的信息时空秩序生成子系统的"信息时空秩序"。将所有系统和子系统的"信息时空秩序"总称之为元系统,元系统的时空秩序就是系统的整体时空秩序,即系统的"信息时空秩序"。

对于系统的全息元系统,包含了系统所有的"信息时空秩序",组成系统的所有单元的元系统都相同。

系统在整个生命周期,会有不同的发展阶段,表现出不同的时空秩序,元系统的"信息时空秩序"中会包含系统的发展方向,发展的关键阶段的时空秩序以及不同阶段之间时空秩序的演化规则、方法、途径等。元系统的"信息时空秩序"决定了系统的层次性。

4.5.2 生成系统

决定系统诞生或者整体重建的,不是系统的物质成分,而系统生长的规律也不是系统的物质构成及大小尺度所决定的。

通过元系统生成系统的所有要素,元系统含有最宏观的时空秩序,但存在于系统的最微观的单元之中。由元系统的"信息时空秩序"来确定各个要素的实现方法,生成要素的时空秩序,即"三生万物"。

如果要素也是一个系统,即系统的子系统,那么子系统仍然按照上述的方法生成。

用上述方法构建的系统和子系统之间、整体和部分之间形成了统一,系统的每个要素都是元系统的部分表达。元系统如同生物的基因,部分是全部的部分表达,整体蕴含在整个部分之中,如同细胞分裂,细胞分化的实质是基因选择性表达的结果,在个体发育过程中基因按照一定程序相继活化的现象,称为基因的差次表达(Differential Expression)或顺序表达(Sequential Expression)。即在同一时间内不是所有的基因都具活性,而是有的有活性,有的无活性,有些细胞是这部分基因有活性,有些细胞则是另外一些基因有活性。

4.5.3 元系统与原子的差别

近代以来,科学的形而上学基础是原子论,它预设了世界是由最小的不可再分的不生不灭的原子所构成。原子论主张世界万物乃由最小物质实体所构成,"变化是不变要素之结合和分离"。原子是世界构成的终极因,它是构成一切而自身不被构成者。原子的假设为近代科学提供了一个逻辑起点,其特点是:

(1)从实体和部分出发,因此"质料因"是最基本的;

(2)整体由部分构成,因此可分;

(3)部分与整体同质,因此了解部分即可了解整体;

(4)变化乃指不变原子的分解与组合,或受力点在空间的运动;

(5)原子相对不变或稳定的属性是质量,即原子质量。

由此,近代科学确立了其基本原则:

(1)原子性原则:部分可以独立地被研究;

(2)外延性原则:真值不变,原子在系统内与在系统外不变;

(3)实验性原则、孤立性原则、可重复性原则等。

显然,既然一切物质皆可还原为相同的基本层次,其研究的基本方法必然是还原分析,而定量研究成为科学研究的基础,一切科学的基本定律必然表达为量的守恒律。微积分不仅成为经典科学的数学工具,而且忠实体现了经典科学的思想与特征。

生成论与原子论不同,不是先有要素,然后通过系统的要素的相互作用构成整体,从而形成系统的秩序的,螺旋论是先生成系统的秩序,后生成系统,这里的秩序是系统的生成者。系统是由目的因引导,生成、发展、演化的。有发展有退化,用进废退,通过元系统的改变进行控制的。系统的生成和运行的过程,是系统的元系统指导要素和子系统的生成,子系统不断出现,随着环境变化,系统不断演化发展。

元系统包含了系统整体的生成信息,代表系统生长的初始模式、发展方向、基本法则等构成的信息时空秩序。

(1)元系统是秩序的,是信息的,而不是质料的,即是虚的而不是实的,元系统含有了系统完整的时空信息,由要素的时空关系构成与生成。生物的遗传基因可以看作元系统。信息是基本的,起主导作用的,也是相对稳定的,而质料则是被动的,暂存的,不断生灭的。透过元系统,看到的是系统的信息时空秩序,系统是时空秩序的存在和演化。

(2)元系统是宏观的也是微观的,是宏观与微观的统一,元系统含有系统最宏观的时空秩序,同时元系统也是系统中最微观单元的生成信息,相对于系统而言,是"其大无外,其小无内"。

(3)系统是由元系统生成的,元系统是以目的为轴心的目的性和规律性的统一。

(4)元系统是整体的,也是部分的,部分是由元系统生成的,元系统是部分和整体的统一。

(5)元系统是稳定的,也是进化的,元系统的进化促使系统整体的质变,元系统的进化是系统的目的性和规律性的相互作用的结果。

4.6　螺旋论的全息多维时空

现代科学认为,时间是物质存在的连续性,是螺旋式上升的动因,它反映着事物的运动与变化;空间是物质存在的广布性,是坐标定位的静因,它反映着物质的排列与组合。从唯物主义的角度来看,时间是流动的物质空间,空间是凝固的物质时间。二者一纵一横,一动一静,互相交织,构成了宇宙的网络架构,物质便存在于宇宙的四维时空的网络架构之中,形成了显态的物质世界。

实际上,主观感觉上的宇宙的时空是四维的因为主观感觉决定了它只能是四维的,主观感觉的空间只能是三维的,主观感觉的时间只能是一维的,即认识的时空只能是四维的,但是作为架构的时空是不限于四维的,特别是反映主体需求和目的的信息时空,可以是 n 维。在螺旋论的视野中,无论是部分还是整体,宏观还是微观,在任意层次、任意尺度上,看到的都是系统,不存在静止不变的,或者孤立的事物,它们息息相通、层层嵌套。时间、空间、物质从根本的生成过程中涌现,具有同构性。元系统中的"信息时空"是一种超时空,包含了系统

时 空

过去、当下、未来的时空;元系统中的"信息时空秩序"包含了系统过去、当下、未来的时空秩序。也就是说,在显态的物质世界的背后,有一个多维的、超时空的、全息的信息时空。

螺旋论的元系统中的"信息时空"是系统各部分之间全息关联的统一整体,一切事物都具有元系统全息性,子系统包含着系统的全部信息,各子系统之间、各子系统与系统之间全息对应。就好比细胞克隆技术利用一个动物细胞可以复制出与原来相同的动物,正是因为这一细胞包含了这个动物的全部遗传信息。

按照螺旋论,事物的发展都有一个从无到有,从有到无的过程,能被认识的事物都是在一定的时空环境下产生的,是元系统的一个"投影",能被认识的事物的四维时空秩序,是元系统的多维信息时空秩序的投影。无论是能被认识的事物的开端与结束、事物发展的大过程与小过程,还是同一个体的部分与整体之间、同一层次的事物之间、不同层次与系统中的事物之间的时空秩序,都是元系统的多维信息时空秩序的投影。如同动物的出生到死亡的全过程,都是动物的基因所表示的信息时空秩序的投影。人体是由大约40万亿~60万亿个细胞构成,而每一个细胞中都包含着有关人体整体的全部信息。用"佛眼"看这一个个细胞的时候,这一个个细胞是一个个人,五官七窍骨骼毛发五脏六腑四肢皮肉一件都不少。

在方法论上实现部分和整体、宏观和微观、有限和无限、简单和复杂、线性和非线性的统一,其实从系统的角度讲,线性不一定就是真正的简单,可能是造成无法解决的矛盾的根源,比如数据量和系统性能之间的矛盾,大部分是由线性关系造成的。

人们往往认为非线性是复杂性的根源,这不仅表现在事物形态结构的无规分布上,也表现在事物发展过程中的近乎随机的变化上。然而,通过混沌理论,我们也可以洞察到这些复杂现象背后的简单性,因此,非线性也不一定就意味着复杂,例如,气象学家洛伦兹用一组简单的确定性非线性方程的反复迭代,便可以模拟天气变化中的无规则性和不可预测性,这使人们想到世界上存在的种种现象,很可能是一些简单的非线性方程反复操作的结果,非线性把表象的复杂性与本质的简单性联系起来,某些看似复杂的现象其中都蕴含着简单的秩序,更进一步的复杂和简单的统一是用线性方法实现非线性的秩序,而最简单的秩序莫过于把这个复杂的非线性问题转化为"无",也就是说根本不需要考虑的问题,比如后面章节论述的矢量数据的化简保持空间关系不变的复杂非线性的问题。

螺旋论的线性方法已经不同于还原论的简化思维下的线性,这里的非线性也不同于用系统论的非线性的思维和视角研究事物非线性的现象,线性或者非线性并不是事物的本质。螺旋论既是现有方法论的统一,也是现有方法论的进一步的成熟和深化。

根据事物的全生命周期,事物从理论上讲都是既有限又无限,既简单又复杂的,只是它依赖于观察者的尺度和维度,当观察者的尺度的维数与被观察对象的维数相同时,观察者可以看到事物的有限和无限的一体两面,进而研究有限和无限之间的关系,发现简单和复杂的统一。当观察者的尺度的维数低于被观察对象的维数时,观察者看到的便是无限,或者是有限和无限的对立。尺度决定了观察和研究事物的宏观与微观,其实我们需要的是在任何尺度上都要发现事物的无限和有限的统一,因为任何尺度下有形的事物都是一个系统,而根据螺旋论,任何尺度下有形的事物都是由事物的元系统生成的。这里的维数是事物的维数,事物的维数取决于系统定义中的组成要素,而螺旋论就是用元系统来生成系统的所有单元,保证了无论从哪个尺度都可以观察到事物的维数。

4.7 用螺旋论建立的系统的主要秩序

4.7.1 整体性秩序

整体性就是统一性和完整性,从事物存在的角度讲,系统的整体性是这一系统区别于其他系统的一种规定性,种种系统之所以能被区别开,就是因为各自有相对的完整性,那么各自就必须具有相对的整体性。否则,如果没有完整性,世界万物将不能被区别开,将是一个无法认识的世界。

从事物演化的过程来看,系统具有统一性,是这一系统能在运动中得以保持的一种规定性。否则,如果没有统一性,系统在运动中就会解体。

宇宙万物都是相互联系的,整体与部分的区别也是相对的、有条件的。一个系统,对于它的要素是系统,而对于更高层系统它就成为这个更高层系统的要素了。比如,银河系作为一个整体,太阳系只是它的一个部分。太阳系也是一个相对独立的整体,地球又只是它的一部分。

系统论的整体性是:"系统是由若干要素组成的具有一定新功能的有机整体,各个作为系统子单元的要素一旦组成系统整体,就具有独立要素所不具有的性质和功能,形成了新的系统的质的规定性,从而表现出整体的性质和功能不等于各个要素的性质和功能的简单加和。"[26]

螺旋论是一种生成理论,覆盖了系统"0→1→N→N→1→0"的整个生命周期,系统论的整体性针对的是"1→N→N→1"的过程,螺旋论生成的系统,系统整体的全部时空信息包含在元系统之中,系统的整体性由元系统的"信息时空秩序"所确定,系统的整个宏观秩序由元系统的宏观秩序决定,部分和整体都是由元系统生成的,宏观的整体性的元系统生成了最微观的系统单元,系统的每个要素,每个子系统,包括系统整体都是元系统的部分表达。对于生成的系统而言,系统的元系统相对于整体"其大无外",相对于部分"其小无内"。因此,用螺旋论来研究系统,以元系统的角度来研究系统的整体性,更能把握系统的整体规律。

建立系统的有机整体

有机整体并非一定是"活体",也不必须是实体性质的,关键在于系统的各个组成部分之间在结构上不可机械分割,功能上相互联系、相互协调、相互补充、相互制约,形成了内在的统一性。如:人体是一个有机整体,是由若干脏腑、组织和器官所组成。每个脏腑、组织或器官各有其独特的生理功能,但又协同活动、相互协调,从而构成了统一的活体的人体;从生态学的视角看,产业集群是一个有机整体,它表现了和生物种群相似的行为特征;从企业价值的角度看,现代企业完整的价值链系统是由内部价值链系统和外部价值链系统构成的一个有机整体。

(1)建立宏观秩序

宏观秩序是系统整体行为的体现,也是系统要素之间相互作用后宏观的、稳定的、连续的、确定的状态的体现。先有宏观合规律性的目的和秩序,然后生万物。

建立宏观秩序,首先将系统中包含的要素划分为相互作用、相互转化、相互对立、相互统一的两种属性,如果不能将要素划分为两种这样的属性,那么这样的要素在一起也构成不了有机系统。

然后,确定这两种属性之间的相互作用关系。从相互作用的角度看,秩序是相互作用的结果,系统中的要素之间也是由于相互作用联系在一起的。相互作用可以分为三种关系:

①整体大于部分之和,如"三个臭皮匠,顶个诸葛亮",部分之间具有相互补充、相互协同、相互促进的作用,属于非线性关系A;

②整体等于部分之和,比如用还原论建立的系统之间不存在相互作用,是一种线性关系;

③整体小于部分之和,部分之间也有相互作用,也是一种非线性关系B,属于非线性。

三种关系分别适合于不同的应用场景和需求,各有优缺点,互为补充。三种关系的图形表示如图4.8,其中对非线性关系的图形进行了简化。

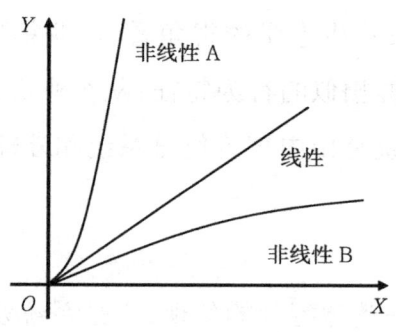

图4.8　要素相互作用关系

比如,对于信息系统,X 轴表示数据量,Y 轴表示数据处理所需要的时间,反映了系统处理数据的效率问题,是信息系统中软件与硬件,虚与实之间的关系。为了追求系统的高效率,我们肯定需要"非线性B"的非线性关系,当数据量增加一倍时,处理时间增加不到一倍,而且,随着数据量的持续增加,数据处理所需时间的增加量反而越来越少,甚至有一个最大值,这是针对数据量爆炸式增长时所期望的系统运行效率。

比如,对于企业经营,X 轴表示投入的资源(包括时间),Y 轴表示企业创造的价值,反映了企业的投入和产出。为了使企业具有高价值,我们肯定需要"非线性A"的非线性关系,有限的投入可以产生巨大的价值,或者随着时间的推移,价值呈现爆炸式增长。

比如,对于设计方法,我们需要能实现上述的"非线性A"和"非线性B"的关系,但是方法本身却是简单的、线性的。

对于线性相互作用来说,线性相互作用的各方实际上是可以逐步分开来讨论的,部分可以在不影响整体的情况下从整体之中分离出来。整体的相互作用可以看作各个部分的相互作用的简单叠加。

对于非线性相互作用来说,整体的相互作用不再等于部分相互作用的简单叠加,部分不可能在不对整体造成影响的情况下从整体之中分离出来,各个部分处于有机的复杂的联系之中,每一个部分都是相互影响、相互制约的。由此,每一个部分都影响着整体,反过来整体又制约着部分。

数学家已经证明,线性系统的测度几乎为零,即现实的系统几乎都是非线性系统。20世纪60年代以来,非线性系统理论的发展进入了一个新阶段。对分叉现象和混沌现象的研究已成为非线性系统理论中很受重视的一个方向。突变理论、耗散结构理论和协同学这些以非线性系统为研究对象的新兴学科也相继出现,它们的方法和结果对非线性系统理论乃至整个系统科学产生重要影响。

非线性系统的一个最重要的特性是不能采用叠加原理来进行分析,这就决定了在研究上的复杂性。由于数学处理上的困难,所以至今还没有一种通用的方法可以用来处理所有类型的非线性系统。非线性系统理论远不如线性系统理论成熟和完整。

总之,根据系统的目的和需要,从多个角度分析系统要素的相互作用关系,确定系统的宏观秩序。螺旋论的理论和实践证明,非线性的关系或者秩序,不一定必须用非线性的方法来实现,而是可以转化为等效的线性方法实现,在螺旋论思维方法章节进行详细论述。

(2)生成系统的要素、子系统之间的秩序

系统是要素的有机的统一体,也就是说要素处于协同、合作和制约之中。如果各个系统要素之间没有制约、协同,都各自为政,就不会形成有机的系统,也不会有稳定、持续的系统的时空秩序。哈肯说:"协同学是研究由完全不同性质的大量子系统(诸如电子、原子、分子、细胞、神经元、力学元、光子、器官、动物乃至人类)所构成的各种系统。本书将研究这些子系统是通过怎样的合作才在宏观尺度上产生空间、时间或功能结构的。尤其要集中研究以自组织形式出现的那类结构,从而寻找与子系统性质无关的支配着自组织过程的一般原理。"[36]

要实现系统宏观秩序,各要素以及子系统之间的相互作用就要受系统宏观秩序的制约,同时根据系统的宏观秩序,各要素以及子系统之间进行协同,微观秩序为宏观秩序服务。因此,系统的宏观秩序和实现方法,及由其生成的各要素以及子系统之间的秩序及其实现方法,共同构成了元系统的信息时空秩序的核心内容。

在笔者15年的科研、产品研发和企业经营等实践过程中,用螺旋论建立的系统,都是图4.8中的"非线性A""非线性B"和"线性"的融合,"非线性B"的秩序保证系统的稳定运行,"非线性A"的秩序保证系统的发展,应对各种需求变化,抓住有利时机让系统突变提升,而"线性"则是将复杂问题用简单的方法实现,大道至简,即"非线性A"和"非线性B"的秩序由"线性"的方法来实现。将这三条线融合,系统的宏观秩序就会呈现螺旋状,这也是为何把这个理论和思想称为螺旋论的原因,后面的章节会从理论和实践的角度进行详细论述。

4.7.2 稳定性秩序

稳定性是事物持续存在和发展的基础,我们所面对的整个世界,大到满天的繁星,小到形形色色的分子原子,它们在一定的范围内都是稳定存在的。否则一个转瞬即逝的世界中,人是无法存在的,一个毫无稳定可言的世界,也是我们无法认识的。但这里的稳定,是指系统自我调节的结果,系统能够在一定范围内,通过系统内部机制,自我调节保持系统的功能、性能的稳定,保持宏观秩序的稳定。

稳定分为平衡稳定和非平衡稳定。非平衡稳定,是一种动态的平衡稳定,螺旋论中的稳定指的是一种非平衡稳定。螺旋论所研究的是事物从无到有、从有到无整个生命周期的规律和秩序。系统的稳定性是一个动态的、发展演化的有机系统的稳定性。19世纪末20世纪初,法国生理学家贝纳德(C.Bernard,1813~1878)就已经发现,一切生命组织都有一个奇妙的共性,这就是它们的内环境在外界环境发生改变时能够保持不变。有机体作为整体存在,需要十分严酷的内部条件,

时 空

一丝一毫偏离不得,一旦偏离就会导致有机体的死亡,内环境的稳定性是生命存在的条件,而生命所处的生存的外部环境又总是处于动态变化之中,生命具有惊人的能力来克服条件的多样性和内环境要求的严格性之间的矛盾。对此,他的结论是,任何生命组织都必须具有"稳态"这样一种基本性质。他将其称为"内稳态",而将生命维持这种内稳态的机制则称为"拮抗装置"。他认为也许正是这种拮抗装置的存在,一个组织系统才具有受到干扰后能够迅速排出偏差,恢复到正常的稳定状态,生命和系统组织才能够在各种各样的内外干扰下长期存在。美国生理心理学家沃尔特·坎农(W.B.Cannon,1871~1945)曾把这种有机体独具的稳定性称为"躯体的智慧",在螺旋论及其实践中可以发现,这种"躯体的智慧"不仅仅存在于躯体之中,而且也存在于具有非平衡稳定性的系统之中。

人工系统的稳定,首先是系统能够满足需求,即合目的性,才能稳定的存在。因此,确定合目的性的秩序,作为系统的目标,系统各部分才能有合目的性的行为,不断把自己的控制结果同目标作比较,通过调节使目标差距不断缩小而逼近目标、趋达目标。系统合目的性的能力就是系统保持自身有序性的稳定的能力。

合目的性是康德美学中的一个重要概念,是生物有机体的生存和人类的活动在同周围环境的关系中所表现出来的一种特性,是生物世界、人类活动领域的复杂因果联系和发展过程的一个特殊方面。生物世界的合目的性曾经被目的论用作证明创世主存在的论据。英国生物学家达尔文(C.R.Darwin,1809~1882)的自然选择和通过自然选择的物种起源学说,给目的论以致命的打击,同时也阐明了生物的合目的性的"合理的意义"。按照达尔文的学说,生物有机体的合目的性,实质上就是生物有机体对生活环境的适应性。生物有机体的适应性具有各种不同的形式,体现在外表形态、内部结构以及行为本能方面等。这些形式使生物能够合目的地适应环境。

平衡稳定是一种机械论的观点,认为稳定就是平衡的,非平衡的就是不稳定的,平衡的稳定是以制约系统发展为代价的,要求系统中存在的要素之间的变化始终是同比例的,比如信息系统中的数据处理,如果数据量增加一倍,要保持系统处理的时间不变,那么系统硬件的处理能力就要增加一倍。但实际情况是,相对于系统硬件能力的增加,数据量是爆炸式增长的,有些信息系统的硬件不断扩充,机房之中摆满了服务器的情况下,仍然不能满足数据快速处理的需求,特别是存在海量时空数据处理的领域。这种系统平衡、稳定的观点,往往在实践之中会造成更大的不平衡,更大的不稳定,甚至造成系统的崩溃。因为在系统内部,单元之间是线性的关系,相应的因果关系也是单向的线性的关系。

所谓的系统,也只是孤立单元的单因果系统,它与环境之间的作用也是线性的相互作用,而且正是系统内部的线性的相互作用成了系统与外部的线性相互作用的根据。相应地,环境向系统的一定输入必定引起系统向环境的一定输出,即一定的原因必定引起一定的结果。简单的线性系统就是这样的因果系统。一个要素的变量发生了变化,便要求相关变量也要进行同比例变化,不管实际情况如何,并且这种要求会在系统之中进行传递。

那么,怎么能保证系统的非平衡稳定呢?

(1)确定非平衡的稳定秩序

系统的宏观秩序是系统目的性的直接体现,也是系统各部分相互作用的结果。因此,螺旋论首先是建立系统的宏观秩序,然后以宏观秩序为约束性前提,生成各要素间相互作用的秩序以及要素本身的秩序。而这种秩序往往是一种非线性相互作用的结果。那么,什么样的非线性相互作用可以保持系统的稳定呢,我们还是通过变量之间的关系来分析,从和系统稳定相关的角度讲,变量可以分为快变量和慢变量。

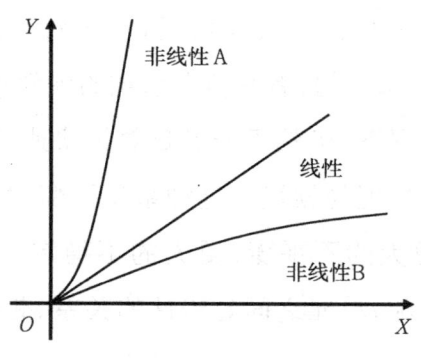

图4.9　系统各部分相互作用关系

如图4.9,X轴代表快变量,Y轴代表快变量经过系统调节后的结果,也是一种非线性相互作用的结果。很显然,按照"非线性A"和"线性",系统最终将失去稳定,只有让快变量能够和慢变量协调起来的相互作用,才能保证系统的稳定运行,即"非线性B"。比如地图显示,X轴代表时空数据量,Y轴代表地图显示时实际需要的数据量。相对于计算机的显示能力,特别是网络带宽的传输能力,时空数据量是爆炸式增长。但是如果从时空数据和地图之间的关系角度,地图实际需要的数据量是由计算机的分辨率决定的,如果时空数据经过系统非线性相互作用的调节,调节后的数据就是地图实际需要的数据,符合"非线性B"的秩序,系统在数据传输和地图显示上就可以稳定运行。如果X轴代表时空数据量,Y轴代表分析这些时空数据量所需要的时间(如时空数据的自适应化简),那么符合"非线性B",系统在分析数据处理上就可以稳定运行。

(2)建立稳定的协同机制

系统与环境之间存在着复杂的非线性相互作用,要适应这种复杂的非线性相互作用,需要为系统建立复杂的反馈机制,结果在相当大的范围内造成环境向系统进行不同的输入时,系统能够通过自己的反馈机制,让各部分协同去应付不同的环境影响,表现出自主性、自稳定、自协调,从而产生出相同的或基本相同的输出,使系统仍然保持稳定运行。通过各子系统的协同,整合为稳定的功能耦合的循环。

反馈又称回馈,是系统论的基本概念之一。贝塔朗菲在《一般系统论》中对于反馈调节的概念写道:"基本模型是一个循环过程,部分的输出作为反应的初步结果,有控制地回授到输入中去,因而,在维持某些变量的意义上或者在引向一个预期目标的意义上,使系统成为自调节。"[37]

从反馈调节的目的和反馈调节的效应上看,反馈可以分为正反馈和负反馈,负反馈就是使得系统的运动和发展保持向既有目标方向进行的反馈。因此,一般负反馈使得系统保持稳定、合目的性。如汽车驾驶员行车时必须集中精力掌握好方向盘,不断地利用负反馈,才能保证安全行车,顺利地到达目的地。与负反馈的作用表现相反,正反馈则可以使得系统越来越偏离既有目标值,离开既有的稳定性,甚至导致原有系统突变或者解体。生物系统都具有反馈回路,表现在功能上则是它们都具有自动调节与控制的功能。"一切有目的的行为都可以看作需要负反馈的行为。"[38]即负反馈使得一个系统的控制过程得以实现目的。一般来说,负反馈是使得系统保持稳定性的因素,使得系统表现出合目的性的行为,正反馈破坏原有的稳定性,进入新的稳定状态,同样是合目的性的行为,是更高层次的目的性。

元系统中的信息时空秩序是超时空的、全息的时空秩序,贯穿所有要素、子系统、层次以及层次间跃迁、转化或变换的共同规律和秩序,系统中的每个要素以及系统本身都是元系统由高维向低维的投影,并且包含于系统最基本的要素之中。因此,系统通过元系统生成了一个全息互联互通的神经网络,由于相互作用的非线性,反馈也是非线性的,不仅发生在输入和输出不断相互作用的循环中,也发生在系统的不同要素、不同关系之间的相互作用的循环中。在元系统中的系统秩序,就已经解决了线性与非线性、有限与无限之间的问题,子系统的秩序(微观秩序)要符合父系统(上一级系统)的秩序规定(宏观秩序)。确保了快变量在一定范围内不会影响系统的稳定性。因此,从微观到宏观的每一个子系统,都可以通过元系统知道如何进行协同,进行自我调节,保持稳定状态。

能始终达到系统的目的,从系统本身而言就是稳定的,系统的稳定机制就是让系统的状态达到相应的目的,并且尽量保持处于这样的状态,直到具备了符合系统发展趋向的目的的条件,系统会采取所谓的突变的、会聚式的循环层次增加,向更高的复杂性增长,即逐次地向更高的循环层次跃迁。因此,非平衡稳定指的是系统在一定发展阶段的稳定状态,它是由系统目的性、内部和外部的种种关系所具体地规定的,而并非某种泛泛而论的抽象的概念。系统发展变化的目的性也就总是跟发展的一定阶段相联系的,只有这一阶段的非平衡的稳定性,才为发展奠定基础,而且也只有采取这样的循环增长的形式,才可能有稳定的发展。

4.7.3 发展性秩序

古代哲学家在生灭变化的世界之外设定了一个不变不动的、永恒的本质世界,他们是在追求确定性,从古希腊哲学家寻找万物的始基开始,到近代的原子论,尤其是以伽利略、牛顿为代表的经典物理学,以事物的既存为研究对象,一般不去考虑事物的发生和发展。虽然经典科学也力图以吸引力和排斥力来说明自然现象,但是基本上是从事物的量的方面来说明排斥和吸引。康德以排斥和吸引两种作用力的相互作用来说明太阳系的起源和演化,从而突破了仅仅用排斥和吸引作用来说明量的变化,这里也有质的变化,所以冲破了形而上学的被组织的宇宙观。

螺旋论是中国传统哲学和西方科学的融合,用于建立系统"无→有→物→物→有→无"的整个生命周期不同发展阶段的时空秩序,发展方向,不同阶段之间时空秩序的演化规则、方法、途径等。系统内部的要素、子系统之间以及系统与环境之间,既存在整体同一性又存在个体差异性,整体同一性表现为协同因素,个体差异性表现出竞争因素,通过竞争和协同的相互对立、相互转化,推动系统的演化发展,这也是系统论的竞争协同律。

系统在系统内外两方面因素的复杂非线性相互作用下,内部要素偏离系统稳定状态的涨落,如果符合系统发展趋向,即更加合目的,就会得以放大,从而在系统中产生更大范围的更强烈的长程相关,自发组织起来,使系统从无序到有序,从低级有序到高级有序或者从一种有序到另一种有序，系统产生突变，跃迁到更高层次的循环。那么如何建立系统的突变性秩序呢？

（1）确定系统的发展秩序

人工系统的突变，首先是系统得能够满足需求，即合目的性，系统才能突变。因此确定合目的性的突变秩序，作为系统的目标，系统各部分才能根据系统目标，抓住合目的性的机会，各子系统协同使系统突变，否则系统则保持稳定的循环运行。超循环理论证明，大分子自组织只有采取循环的组织形式，才可能有真正的发展，才有可能发展起既稳定又可以向更高复杂性生长的组织，这就是超循环组织。只有形成具有内稳能力的循环组织，系统才可能在进一步的发展中利用那些随机发生的合目的性的机会，从而采取突变的、会聚式的循环层次增加，向更高的复杂性增长，即逐次地向更高的循环层次跃迁。

系统的非平衡稳定性解决的是系统快变量和慢变量之间的关系，让快变量能够和慢变量协调起来相互作用，才能保证系统的稳定运行。快和慢之间的关系，也可以归结为无限和有限之间的关系，因此非平衡稳定是无限到有限的非线性，相互作用的过程有相互抵消的过程，最终起到作用或者效果的是有限的，同有限的变量可以协调起来了。变量之间的线性关系，既不会让系统达到非平衡的稳定，也不会让系统产生突破性发展。而系统的突变性需要解决的有限和无限之间的关系，是有限的变量作用后产生的结果，是"非线性A"的结果。系统之中的相互作用是非线性相互作用，这就使得系统具有了整体性行为，系统有了整体性行为，才会有系统的整体变化、系统的整体突破性发展，否则系统就仅仅具有量变和系统要素逐一发生的渐变。那么，怎么建立实现系统的突破性发展的"非线性A"的秩序呢？

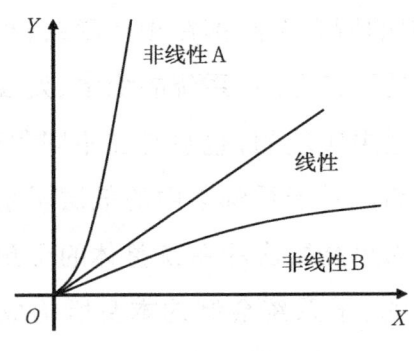

图4.10 变量之间的作用关系

X轴代表有限变量，Y轴代表有限变量经过系统作用后的结果。

（2）建立系统相互作用维度的提升规则和方法

①提高系统同环境及其他系统相互作用的维度，就是使系统更加开放，这是系统的层次上的突变。螺旋论研究的是事物从无到有、发展演化、从有到无的整个生命周期，所研究或建立的系统与外界不断进行物质、能量和信息的交换，是系统存在与进化的必要条件。比如由系统作为整体同环境及其他系统进行交互，提升到系统、组成系统的子系统都可以同环境及其他系统进行交互，更进一步提升到系统、子系统、子系统的要素都可以同环境及其他系统进行交互。

②提升系统内部维度：a.要素发展为子系统。要素之间是对立统一的关系，对立产生竞争，使得个体性得以保持和发展，在内外因素的共同作用下，要素发展为子系统，这是系统要素层次上的突变。生成整体论研究的单元是生长过程中不同层次上的元系统。与"原子"不同，它们是系统生长或再生长的起点，或网络中关系联接的"结点"，而不是空间运动的质点。b.提升要素、子系统之间、跨层次相互

作用的维度。世界的万事万物是一个错综复杂地结合起来的系统整体，在这个大系统中的所有系统都在相互联系、相互作用，绝对自由自在的系统实际上是不存在的，系统的稳定、发展、突变总是在与其他系统的相互作用之中实现的，也总是在不同程度上受到作为其环境的其他系统的制约。对于系统之中的低层子系统而言，其组织结构和秩序受到了作为更高层次的系统整体的干预，是受系统高层次的约束而组织起来的，子系统会制约本身所构成要素的作用范围。要素之间作用范围小，则结合强度大，确定性也大，一般而言，低层系统的要素之间具有较大的结合强度，而高层次系统的要素之间的结合强度则要小一些，随着层次的升高，结合强度也就越来越小，这正如从客观世界最一般物质层次所表现的那样。要素之间结合强度较大的系统，具有更大的确定性，更为确定不移。反之，要素之间结合强度较小的系统，则具有较大的灵活性，更为灵活机动。系统的确定性与灵活性，作为系统适应外界的一种能力的表现，它们是相互联系、相互制约的两极，作用范围小，确定性大则灵活性小，反之作用范围大，灵活性大则确定性小。这是系统的层次上的突变。要提高系统的复杂性、灵活性、协同性和作用范围，就要提升要素、子系统之间及跨层次相互作用的维度。

③建立系统自组织的规则和方法。对于控制论研究做出重要贡献的英国控制论学家艾什比（W. R. Ashby, 1903～1972）最先于20世纪50年代提出了自组织系统这个名称。20世纪60年代至70年代兴起的耗散结构理论、协同学、超循环理论、突变论、混沌学和分形学则是以系统的发生、发展为重点，探讨了系统的自组织演化问题。在概念上，自组织和他组织相对应，一般来说，组织是指系统内的有序结

构或这种有序结构的形成过程。德国理论物理学家哈肯(H.Haken)认为,从组织的进化形式来看,可以把它分为两类:他组织和自组织。如果一个系统靠外部指令而形成组织,就是他组织;如果不存在外部指令,系统的组织活动是以系统内在的驱动为依据,以系统的环境为条件,自发地、不受特定外来干预地按照某种规则,各尽其责而又协调地自动地进行系统内部以及系统与环境的交叉作用,从简单向复杂、从粗糙向细致方向发展,形成有序结构,不断地提高自身的复杂度和精细度,就是自组织。自组织现象无论在自然界还是在人类社会中都普遍存在,系统的自组织功能愈强,其保持和产生新功能的能力也就愈强。系统的自组织和他组织是相对的,系统的自组织规律要通过对系统的存在和系统的演化的对立统一、自组织与他组织的对立统一来把握。

根据自组织理论,突变点上系统进化的问题,实际上是系统的整体重建问题,其本质是元系统秩序的选择(根据情况选择不同的系统秩序,即内在的价值选择)或者进化,而各子系统由元系统生成的,元系统秩序的改变,会让系统从部分到整体,从微观到宏观同步完成系统的进化。如果说,贯穿整个机械过程的基本规律是能量的形式转换与守恒,那么贯穿整个螺旋论过程的基本机制则是元系统,类似于混沌理论中发现的奇怪吸引子——世界生成过程中信息创生及跨层次传递信息和能量的重要机制和渠道。

系统的发展秩序还包括建立系统机制,协同学阐述了子系统之间的竞争和协同推动系统从低级有序到高级有序的演化,在正常状态下,稳定系统中存在着许许多多的涨落,涨落是不稳定因素,得到子系统的响应时,便得到了放大,竞争的因素便突出起来,进入系统状态的突变阶段,如果协同得到系统的因素重新确立,便对于失稳再一次否定,进入稳定态,产生出有序结构。因为用螺旋论建立的系统的元系统是合目的性和合规律性的统一,用元系统生成的系统是部分与整体、宏观与微观的统一,其本身就是系统的一个协同机制。

5 螺旋论的需求元系统

系统为什么会存在和发展呢？是因为需求，也就是目的。所有和人相关的活动，甚至是所有事物的发展变化，都可以统一为需求，只不过人的需求是最复杂的，涵盖的范围是最广的。需求是多样的，本身就是一个系统，用螺旋论建立"需求元系统"可以用于研究系统的目的性规律。因此通过螺旋论以人的需求来建立统一的"需求元系统"，用于推动、统一、协同各系统的生成、发展、演化。如"经营"就是统一的"需求元系统"生成、协同、运营所有相关活动。

5.1 确定需求的定义

给需求建立元系统，首先需确定需求的定义，包括需求的性质和范围。万事万物的存在、发展和演化的本身要满足一定的先决条件，这些先决条件称为事物的需求，这也是需求的性质和目的。人的活动，包括创造万事万物是出于人的需求。人的需求的性质也是为了满足人的存在和发展，那么人的需求是如何划分的呢？目前普遍采用的是马斯洛需求层次理论，把不同的具体需求归属为不同的层次，我们根据每个层次的特征概括为需求系统的要素。

马斯洛需求层次理论是美国心理学家亚伯拉罕·马斯洛 1943 年在《人类动机的理论》（*A Theory of Human Motivation*）中所提出的，[39]是人本主义科学的理论之一。马斯洛需求层次理论把需求分成生理需求

（Physiological needs）、安全需求（Safety needs）、社交需求（Love and belonging）、尊重需求（Esteem）和自我实现（Self-actualization）五类（如图5.1所示），依次由较低层次到较高层次排列。在自我实现需求之后，还有自我超越需求（Self-Transcendence needs），但通常不作为马斯洛需求层次理论中必要的层次，大多数会将自我超越合并至自我实现需求当中[40]。

驱使人类前进的是若干始终不变的、遗传的、本能的需要，这些需要不仅仅是生理的，还有心理的，他们是人类天性中固有的东西，文化不能扼杀它们，只能抑制它们。人类的需要是以层次的形式出现的，由低级的需要开始，逐级向上发展到高级层次的需要。中国的管仲在西方的马斯洛之前2000多年提出类似主张，他说："仓廪实而知礼节，衣食足而知荣辱。"

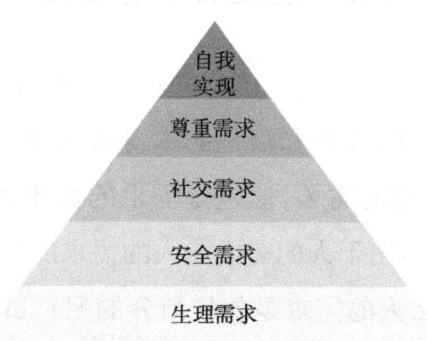

图5.1　马斯洛需求层次

1. 生理需求

生理需求（Physiological needs），也称级别最低、最急迫的需求，如：食物、水、空气等。在这个阶段，人主要是为了肉体而活，为了生命的存在而活。假如一个人同时缺乏食物、安全、爱和尊重,通常对食物的需求是最强烈的,其他需求则显得不那么重要。此时人的意识几乎全被饥饿所占据,所有能量都被用来获取食物。在这种极端情况下,人生的全部意义就是吃,其他什么都不重要。只有当人从生理需要的控制下解放出来时,才可能出现更高级的、社会化程度更高的需求如安全的需求。[39]

我们把这个最基本、最基础的关系到人或者事物能否存在的需求定义为"生存",如果一个人、一个团队、一个企业的这个需求占支配地位,那么从需求的角度来讲,尚处于"生存"阶段。"生存"的需求外部提供就可以满足。

2. 安全需求

安全需求(Safety needs),同样属于较低层次的需求,其中包括人身安全、生活稳定以及免遭痛苦、威胁或疾病,还要拥有家庭、身体健康以及有自己的财产。这是满足了生存基础上的更持久的、更好的存在,相对于"生存"而言是高一级的需求,但关注的重点仍然是自身,仍然属于比较低层次的需求。我们把这个需求占支配地位的阶段确定为"发展"。

3. 社交需求

社交需求(Love and belonging needs),属于较高层次的需求,如对友谊、爱情以及隶属关系的需求。社交需求关注和其他同类对象之间的关系,我们把这个需求占支配地位的阶段确定为"合作"。

4. 尊重需求

尊重需求(Esteem needs),属于较高层次的需求,如成就、名声、地位和晋升机会等。尊重需求既包括对成就或自我价值的个人感觉,也包括他人对自己的认可与尊重,即对他人尊重,被他人尊重,自我尊重。获得尊重,首先要尊重别人,为社会做出贡献,例如慈善家,他贡献得越多,就越感到高兴和幸福,其收获已经超越了物质,而达到了精神层面。

人人都希望自己有稳定的社会地位,希望个人的能力和成就得到社会的承认。尊重的需求又可分为内部尊重和外部尊重。内部尊重是指一个人希望在各种不同情境中有实力、能胜任、充满信心、能独立自主。总之,内部尊重就是人的自尊。外部尊重是指一个人希望有地位、有威信,受到别人的尊重、信赖和高度评价。马斯洛认为,尊重需求得到满足,能使人对自己充满信心,对社会满腔热情,体验到自己活着的价值。[39]尊重是在群体之中,这个需求需要外部和内部共同提供才能获得,是属于更高一层的需求,我们把这个需求占支配地位的阶段确定为"共赢"。

5. 自我实现

自我实现(Self-actualization),是最高层次的需求,包括针对真善美至高人生境界获得的需求。自我实现是指实现个人理想、抱负,发挥个人的能力到最大程度,达到自我实现境界的人,接受自己也接受他人,解决问题能力增强,自觉性提高,善于独立处事,要求不受打扰地独处,完成与自己的能力相称的一切事情。也就是说,人必须干称职的工作,这样才会使他们感到最大的快乐。马斯洛提出,为满足自我实现需求所采取的途径是因人而异的。自我实现的需求是在努力实现自己的潜力,使自己越来越成为自己所期望的人。我们把这个需求占支配地位的阶段确定为"自我"。

马斯洛需求层次理论把人的需求的具体内容归属为不同的层次，我们根据每个层次的特征概括为需求系统的要素，分别为生存、发展、合作、共赢、自我5个要素，涵盖了需求系统由"0→1→N→N→1→0"的各个阶段。

5.2 由需求的定义生成系统的宏观秩序

根据需求定义的内涵和外延，将定义中包含的要素划分为对立、互化和统一的两种属性，并建立两种属性的要素相互作用、相互转化的规则、方法、途径，确定了两种属性之间的秩序，即"一生二"。事物为了存在、发展和演化，其需求是多样性的，除了外部提供条件之外，其内部也要满足存在、发展和演化等的条件，因此我们把事物的需求分为外在需求和内在需求两类。

"需求元系统"的"二"就是内在需求和外在需求。人的外在需求以物质需求为主，内在需求以精神需求为主。比如经营的性质就是满足人们的需求，虽然人的需求具有多样性，但是都可以归为精神需求和物质需求两类，存在于需求的所有层次之中。

对于个人或者集体而言，每个层次中物质需求和精神需求所起到的主导作用各不相同，需要从外部得来的满足逐渐向内在得到的满足转化，也就是说随着层次的不断提升，精神需求所占的比例逐层提升，物质需求所占的比例逐渐降低。比如对于个人，在生存层次，人为了保证自己能够生存下来，需要寻求生存所需的物质资源。因此，物质需求是生存层次最主要的部分。随着生存问题的解决,个人能力逐渐增强,开始更多的追求精神上的满足,直至最后到达自我的层次。

1. 外在需求和内在需求相互作用、相互转化的规则

(1)需求的层次由低到高分为生存、发展、合作、共赢、自我,其层次属性的决定条件由外部因素向内部因素转化,由外部因素占主导到内部因素占主导。

(2)层次是相对的,并没有绝对的界限,层次与层次之间是互相交叉的,如同太极中的阴阳。随着某一层次需要的强度逐渐降低,另一层次的需要将逐渐上升,但是低层次的需求不会因为高层次的需求的发展而消失,只是对事物整体秩序的影响的程度随着更高层次需求的发展而减小。

(3)事物对于多个层次的需求同时存在,只是每一时期总有一种需求占支配地位,对整体秩序起决定作用,那么从需求的角度讲,其整体的属性就是这个层次的属性,即我们用某一阶段占支配地位的需求层次的特性来确定人、团体或者企业,乃至事物等这一阶段的性质。

2. 需求的宏观时空秩序

保证人或者事物存在的外在需求是有限的,而内在的需求是无限的,如人的精神需求是无止境的,是无限的,而人的需求包括精神需求和物质需求,有限加上无限还是无限,因此经营所研究的主要问题就是以有限的资源如何满足人类无限的需求。

5 螺旋论的需求元系统

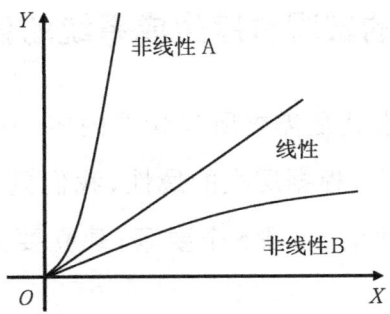

图 5.2　物质与精神需求的关系

因此,物质需求和精神需求之间的关系是非线性的。如图 5.2 所示,如果 X 轴为物质需求,Y 轴是精神需求,需求的宏观时空秩序是"非线性 A",即有限的物质满足无限的需求。

时间反映了需求的变化,空间反映了需求的作用范围,时空表示了需求的存在和变化(如图 5.3 所示)。

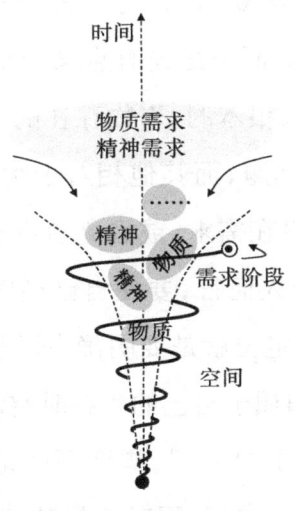

图 5.3　人的需求时空

5.3 由需求的宏观秩序生成系统的信息时空秩序

需求系统的要素就是需求所包含的内容，我们把需求的内容归属于不同的需求层次，根据层次的属性，我们概括为系统的要素，即生存、发展、合作、共赢、自我5个要素，建立要素之间的"信息时空秩序"：

在时空中求得生存；

在生存中谋求发展；

在发展中寻找合作；

在合作中达到共赢；

在共赢中确立自我。

上述元系统的"信息时空秩序"中需求的发展秩序是"0→1→N→N→1→0"的螺旋。

在时空中求得生存是"0→1"，"存在先于本质"，人是先活下来，然后才去找寻意义与价值，而不是先有意义与价值，我们才活下来。这个阶段的需求是基础的、根本的、事物存在的先决条件，关系到事物能否存在，是能与不能的问题；而其他相对于生存而言是好与不好的问题，解决的是新产生的潜在需求，或者之前没有满足的需求，是需要创造的。对于企业或者个人而言，要使自己能够在时空中生存，最重要的就是对自己的定位。定位就是要明确自己想要干什么，对现有的时空环境进行分析，寻找出属于自己的生存时空。

在生存中谋求发展是"1→N"，需要不断地扩大自己的时空，此阶段主要是发展自己的内部空间，同时联接外部的时空，进行物质、能量和信息的交换。比如企业或者个人通过建立社会关系或企业团队来解决内部的发展空间问题，即个人要建立社会关系，企业建立团队和组织架构，对内部空间建立组织结构，将外部空间联接入结构中，从而实现外部时空与自己内部时空之间的联通，达到空间扩展的目的。其中，关键在于找到能够把自己往上带动的个人或团队，通过组织结构实现内部时空与外部时空的联通。

在发展中寻找合作是"N→N"，主要是拓展外部时空，和外部时空进行相互作用，如这个阶段的需求对其他领域、行业或者产品等也有需求，会和其他需求相互作用。企业与其他企业之间开展对等的合作，企业不断地寻找在时空能力上相匹配的外部时空，通过与外部联合，借助各自的能力和资源，在行业内建立价值链来扩大经营的时空范围。价值链的建立使得企业能够联合不同行业的时空，在产业链中迅速地扩大经营范围，使企业的经营时空能够更大。因此，要使企业快速地发展，需要与产业链中的其他企业开展合作，实现价值创造，甚至建立新的价值链。

在合作中达到共赢是"N→1"，这个阶段的需求需要和其他需求融合，形成更广、更高、更具包容性的需求。比如企业的战略定位，将对外的合作统一合成为一个平台，建立价值网，所有合作企业能够在其中共享价值。这个战略在生存阶段就已经确定，企业在生存、发展、合作阶段，通过不断地创造商业价值，并将一部分商业价值用于企业的积累，而另一部分用于分享，以此达到战略积累的目的。

在共赢中确立自我是"1→0"，这个阶段的需求是要求整体性的突破，进入新的更高的循环周期。

事物发展的整个生命周期是"0→1→N→N→1→0",和"需求元系统"的"信息时空秩序"是统一的,而且事物的发展本质上是由需求推动的。

"需求元系统",也可以称为需求模型,虽然是由人的需求建立起来的,但因为人的需求是最复杂、最多样、最广泛的,因此这个"需求元系统"也具有普遍性,适合研究各类事物的存在和变化,特别是有人参与的事物,如一个人,一个团体,一个公司,一个产品。比如把商务运作作为一个整体,整体本身的需求发展规律符合这个模型,组成这个整体的各个部分也符合这个模型,组成各个部分的最小单元也符合这个模型。

即使在宏观上达到了自我的层次,其微观上的每一个事物也都是由生存到自我的螺旋,只是生存也是螺旋上升的,即生存阶段的生存和自我阶段的生存要求是不一样的。

各个需求层次间是可以跨越的,如合作超越共赢,实现各自的自我。

"需求元系统"中每个关键要素所代表的阶段都不是孤立的、割裂开的,如同太极中的阴阳,融合了其他各个阶段的属性,只是主次的问题,每次的螺旋上升,各阶段的需求也会随之发展,比如生存阶段的发展需求和合作阶段的发展需求是不一样的。用螺旋论建立的模型的特点是:嵌套组成,不断迭代循环,螺旋上升。无论是从宏观到微观,还是从部分到整体,事物的需求都由"需求元系统"生成,如图5.4所示。

5　螺旋论的需求元系统

图5.4　需求螺旋

6 螺旋论思维

螺旋论中关键的任务是统一现有的还原论、整体论、系统论和生成论等方法论,特别是用线性的方法解决非线性的相互作用,解决螺旋论中有限与无限、简单与复杂、稳定与发展的统一的问题,因此要建立螺旋论的思维模型和螺旋论的思维方法。

人为何能够通过实践来满足人类的需求呢?是因为有知识,有各种各样的科学知识。因此在需求的推动下,根据感知,以已有的经验、知识为基础,进行思维创造,不断深入对事物的认识,并进行有意识的实践来深入认识客观世界,然后超越感知的界限,形成理性的认识,因此,思维方式非常重要,思维方式是人类认识世界的方法,是保证思维活动正确运行的线路、规则和手段。螺旋论依据的哲学思想是"天人合一",即目的性(以求善为目标)和规律性(求真为目标)的统一。因此螺旋论的思维的主要目的和内容也是目的性和规律性的统一,而且思维活动和形式都是以目的性为轴心展开的。

6.1 确定思维的定义

思维最初是人脑借助语言对客观事物的概括和间接的反应过程。思维以感知为基础又超越感知的界限。它探索与发现事物的内部本质联系和规律性,是认识过程的高级阶段[41]。思维通过对事物的分析,发现事物内在的、多要素之间的必然的联系和相互作用,探索与发现一类事物共同的、本质的属性和规律。

没有大脑思维的创造性活动就不会有知识的产生,而不同时代人们的思维活动又都是建立在相应的知识层面上的。知识的发展主要有三个阶段,在这三个阶段中最基本的思维活动是分析与综合,对一个事物从多个方面,多个维度进行思考,就是分析,而分析的最终的目的是找到共同的规律,把众多维度融合到一起,就是综合。不同的阶段思维的侧重点不同。

第一阶段是"叙述","叙述"给我们的是事实,所研究的是事实的本身,是科学方法的第一步。在"叙述"中,是对事物的各方面进行描述,重点不在于事物与事物间之关系而在于分析。分析是把整体分解为部分加以认识,认识部分是分析的主要任务。客观世界本来总是处于相互联系之中的,但人们为了深入认识部分,同时也是为了更好地认识整体,就不得不把特定系统、整体从普遍联系中暂时划分出来,分门别类地、孤立静止地加以剖析。因此,科学研究是离不开分析的,离开了分析就不可能深入事物的内部、就不可能剖析事物的细节。由此可见,分析是认识走向深化的前提。科学发展历程表明,近代科学正是借助于分析的方法大踏步前进,取得辉煌成就的。

第二阶段是"说明","说明"给我们的是定律,"说明"所研究的是事实的上下文关系,发现事实之间的因果关系,事实的意义和价值。因此,"说明"告诉我们的是叙述中的事物"如何"。在"说明"中,要运用分析与综合两种思维方法,分析事物中的特性及其关系。综合则是把部分综合为整体来加以认识,认识整体是综合的主要任务。为了实现综合，就要把各个部分、各个要素、各个方面联系起来，有机地组织起来，使之成为一个有机的整体。

第三阶段是"解释"，"解释"给我们以理由，告诉我们事物"为什么"要那样，是综合的高级阶段。"解释"告诉我们事物不是把诸多要素、诸多部分、诸多方面简单地混合在一起，机械地加在一起，要揭示事物整体内部的部分、要素、各方面之间的本质的、统一的联系，揭示事物的部分、要素、各方面所不具有的事物整体才具有的性质。科学研究离不开综合，离开了综合就不可能认识研究对象整体，综合是分析的深入，也是分析的归宿，正如离开整体的分析是片面的分析一样，缺乏分析的整体也是混沌的整体，停留在思维中的整体。因此，综合的基础是分析，而分析的归宿是综合。

6.2 由思维的定义生成思维的宏观秩序

人类思维方式可以从不同角度进行分类，比如，感性具象思维和抽象逻辑思维、科学思维和哲学思维、经验思维与理论思维，等等。螺旋论是合规律性和合目的性的统一，对于螺旋论的思维方式，合规律性思维是从"有"的角度，目的是研究物的时空关系，即物质的存在与变化的规律，而合目的性思维是从"无"的角度，目的是研究信息时空关系，即需求的存在与变化规律。因此，从时空的角度，就思维内容和思维目的来看，螺旋论可以将思维分为合规律性和合目的性两类，它们是相互促进、对立统一的两种思维，统一于螺旋论之中。

"道可道，非常道，名可名，非常名，无名天地之始，有名万物之母。故常无欲易观其妙，故常有欲以观其徼，此二者，同出而异名，同谓之玄,玄之又玄,众妙之门。"首先"道"是无所不在的,既有宇宙万事万物的"共性"的大"道",也有大道衍生出来的不同层次上的小"道"。其次,"道"有两个方面的内容:"无"和"有","无"决定"有","有"证实"无"。"无"是根本,是起点。从螺旋论的角度来看,"无"是系统的定义,确定了系统的内涵和外延,但是还没有产生系统的时空秩序;"有"是系统的元系统,已经含有了系统生成信息的时空秩序。"万物生于有","有"这个层次往下推几乎是无穷无尽的,如果研究的角度是种种具体的物体、现象,那么几乎不可能把握到它背后实质的内容。所以要把握住种种"子"相,就应该回归到"母"相上去,"既得其母,以知其子"。最原始的"母"相是什么?就是"有"。

  从螺旋论思维的角度来看,"无"是思维的起点,就是出于某种目的或需求,确定所要研究的对象,将所要研究的对象的定义作为思维的起点。从"无"的角度的思维,就是研究对象的目的和价值、内涵和外延。"有"是以思维的起点确定或建立所研究对象的元系统,是目的性和规律性的统一。从"有"的角度的思维,就是从所研究对象的元系统来研究"物",而不是直接以"物"的角度来研究"物"。

  建立思维的宏观秩序:"有"生于"无",在有无之间进行分析与综合。

6.3　由思维的宏观秩序生成思维元系统

  由思维的起点确定或建立所研究对象的元系统,根据人的目的性和所要研究的对象,首先确定或者建立其定义,如果所要研究的对象已经有明确的定义则确定即可,如果没有,则需要根据一系列的概念或者定义来建立所要研究的事物的定义,然后根据目的和对所研究事物的规律性的认识建立元系统,是"0→1"的过程。这个思维过程最终的目标是对思维起点的发展或者升华,是"1→0"的过程。因此,螺旋论的思维方式也是一个"0→1→N→N→1→0"的螺旋上升的过程。叙述、说明和解释都是分析和综合的产物,都是判断的形式。只有叙述的"1→N"阶段是常识;包含叙述和说明的"1→N→N"两个过程便是科学;包含叙述、说明和解释的"1→N→N→1"三个过程则是哲学。哲学的任务是指导人们正确的认识世界和自我,哲学的目的是在正确认识世界和自我的基础上,指导我们的物质和精神生活,寻找人生的意义。"1→0"是回归于目的,是对思维的起点的发展或升华,因此是一个不断螺旋上升的过程。人的认识是对客观事物的反映,也是螺旋式发展的。列宁说:"人的认识不是直线(也就是说,不是沿着直线进行的),而是无限地近似于一串圆圈、近似于螺旋式的曲线"。事物发展是无限的,因而螺旋式的辩证运动也不是一个封闭的,而是一个无限发展的辩证链条。

"0→1"是在"时空"中"建元";

"1→N"是在"建元"中"叙述";

"N→N"是在"叙述"中"说明";

"N→1"是在"说明"中"解释";

"1→0"是在"解释"中"升华"。

思维元系统中的建元、叙述、说明、解释、升华5个阶段都不是孤立的、割裂开的,每个阶段都融合了其他阶段,只是主次的问题,比如在叙述阶段,也有说明和解释,而在解释阶段也需要说明,因此思维的微观和宏观、部分和整体都由思维元系统组成。

对于一个事物认识的过程,每一次的思维周期,都是一个螺旋上升的过程,是合规律性的求真和合目的性的求善的升华,最终追求的是"天人合一",也是人类追溯的在浩瀚宇宙中所有纷繁复杂的现象背后的同一个源头。

宇宙中所有星系的起源也同样能够追溯到同一个源头,太阳系中的星体都起源于同一个星云,所有的星云都起源于相同的分子,所有的分子都由那几百种基本粒子演变而来。这样,顺着时间之流一直向上溯源,我们终于来到了大爆炸开始的时刻,在这里,空间、时间和物质都是融为一体的,一切都归结为一点。

同样的道理,人类发现的大大小小的规律最终都可以被一个更加根本的规律所囊括,正如玻姆总结量子与基本粒子之探索历程所说:"在更深更广的各个隐层面上,显析序(Explicate order)将消解于隐背景的隐缠序(Implicate order)之中,展现出万事万物之整体性;内涵更深的显析序将在隐背景中浮现出来,从而形成崭新的、概括力更强的显结构,然而,新的显析序必将消解于更深层的隐缠序之中。宇宙、意识以及它们的整体,就是在这种卷入—展出的完整运动中演化着,这个过程永远不会完结"[35]。

宇宙从同一点出发,经过了100多亿年的漫长岁月,进化出一个复杂多变的世界,但不管这个世界是如何千变万化,在所有现象的背后,都有一个最根本的规律在运行,这就是宇宙起点时的源头规律。

图6.1 思维螺旋

对于一个事物的分析,从整体上是从建元到升华的过程,但是并不一定包含所有过程。对于整体中所包含的部分的认识思维,其认识思维模式也是这个过程,也就是说对于事物的分析是上述思维模型的嵌套组成,不断迭代循环,螺旋上升。无论是从宏观到微观,还是从部分到整体,事物的认识思维都由"思维元系统"生成。

阶段和层次是相对的,并没有绝对的界限,层次与层次之间是互相交叉的,如同太极中的阴阳。随着某一层次的因素或者作用的强度逐渐降低,另一层次的因素或者作用将逐渐上升,只是每一阶段和层次总有一种层次属性占支配地位,对整体性质起决定作用,那么从性质的角度来讲,其整体的性质就是这个层次的属性。但是不同的阶段,思维的方式也是不一样的,比如"叙述",在"叙述"阶段的"叙述"主要是描述事物的表面的现象,然后从事物的各个部分,以事物不同的组成部分作为角度进行分析;在"说明"阶段的"叙述"则是要叙述事物的各部分之间上下文关系,然后分析其因果关系,找到解决问题的方法;在"解释"阶段的"叙述"是要叙述研究事物的角度、方法,然后探索其背后的思想。

下面以矢量数据的数据量对 GIS 系统地图显示性能的影响为例,来阐述螺旋论思维的思维方法,将 GIS 的元系统逐步深入、完善。

(1)首先建立 GIS 系统的元系统

①确定 GIS 的定义:在 GIS 是计算机硬、软件系统支持下,对整个或部分地球表层(包括大气层)空间中的有关地理分布数据进行采集、储存、管理、查询、运算、分析、显示和描述的信息系统。定义确定 GIS 的性质是处理空间数据的计算机系统,功能范围包括空间数据的采集、储存、管理、查询、运算、分析、显示和描述。

②由 GIS 的定义生成系统的宏观时空秩序。根据地理信息系统定义中事物的本质,将定义中包含的要素划分为相互作用、相互转化、相互对立、相互统一的两种属性,地理信息系统的两种属性是数的属性和图的属性,其中以数据为主的部分包括:地理分布数据进行采集、储存、管理、查询、运算、分析;以图形为主的部分包括:显示和描述;数据和图形描述的是同一个地理对象,数据和图形是一体的,数据中隐含了图形,图形中隐含了数据,数据和图形是相互依存(如图 6.2 所示),因为它们都是从定义转化而来,所以其目的是相同的,即地理信息系统的性质是满足用计算机处理地理信息的需求,所以说数

据和图形是统一的,之所以数据和图形表现出不同的性质和特征,其用途不同而已。

图6.2　GIS系统中的数和图

随着实践不断深入,对于一个事物的规律也是一个由外到内不断深入的过程,如果我们只是对GIS的元系统建立到上述情况,然后用螺旋论思维进行分析。

(2)叙述

叙述是对事物的各方面进行描述,侧重于分析,重点不在于事物与事物间之关系。

①叙述:根据建立事物的元系统来描述事物的表面现象,如从地理信息系统建立元系统的过程对GIS进行描述。

用于处理空间数据的GIS最基础的功能是数据处理和显示,即数和图,GIS软件最频繁的操作就是电子地图的放大、缩小和漫游,矢量空间数据的传输和显示是进行此项工作的前提和基础,然而,随着矢量空间信息技术的快速发展,获取高分辨率、高精度的矢量空间数据成为可能,造成了相对现有的网络带宽的增加而言,矢量空间数据量呈爆炸式增长。同时,Internet也已经成为一种数据共享、分布式存储、分布式计算、传输、可视化等的基础平台,但网络环境下暴增的矢量空间数据和大量的分布式用户,以目前的网络传输带宽,远远不能满足这些矢量空间数据的实时传输,即使下载了海量矢量空间数据,在移动智能终端上的绘制速度也无法接受,特别是高精细的三维时空数据。因此,海量矢量空间数据的网络传输和显示,已经成了制约 GIS 及相关领域信息化发展的技术瓶颈,如计算机图形学、虚拟现实、城市规划、文物修复、动画游戏、计算机辅助设计、医学图形等几十个行业。

②说明:叙述阶段的说明,主要是从事物的宏观上,以事物的不同的组成部分,以不同的视角对所描述的现象进行分析。

从数据的角度来看,地图显示范围内的矢量空间数据都要传输和绘制,数据量增加一倍,传输和绘制的时间也增加一倍,如果数据量无限增加,数据的传输和绘制时间也无限增加。

从地图的角度来看,地图显示在电子屏幕的像素上,而电子屏幕的分辨率是固定的,能看到的像素的个数是有限的,而每个像素在某一时刻只能显示一个数据,也就是说地图上能显示出来的矢量空间数据的最大值是不变的,和有多少无限的矢量数据没有关系,只和屏幕分辨率有关。

③解释:叙述阶段的解释,主要是研究分析事物的角度,探索背后的规律。

GIS 系统的性能瓶颈是由于数据量的爆炸式的增加和硬件能力有限所造成的(如图 6.3 所示),而且从理论上相对而言,数据的增加是无限的,而硬件的能力的增加是有限的。

从矢量空间数据的角度来研究 GIS 系统地图显示的性能和数据量之间的关系,数据的增加是无限的,那么就是以无限的视角研究无限的问题,其结果往往也是无限的。

从图的角度,也就是以显示地图的屏幕分辨率的角度研究矢量空间数据的传输、显示等效率问题,会发现无论矢量空间数据的数据量有多大,用于显示所需要的最大数据量是恒定的,就是用于填充完视图窗口的全部像素所需的数据。如果只是绘制能被显示出来的矢量空间数据,则GIS系统地图显示所需要的最大的时间和分辨率有关,和矢量空间数据的数据量无关,也就是说以分辨率这个有限的视角来研究这个无限的矢量空间数据的问题,其结果是有限的,只是真正需要的,绘制后能被显示出来的数据量是有限的。

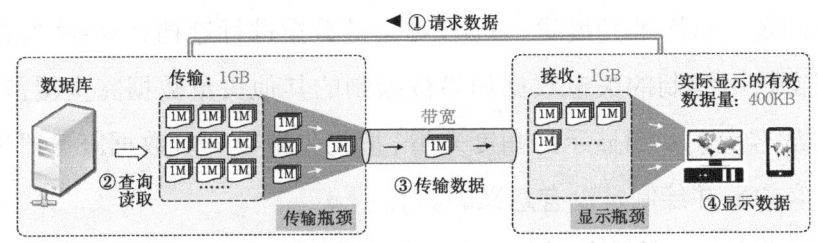

图6.3 数据角度对系统造成瓶颈

④升华:以有限的视角研究无限的问题,其结果往往是有限的;以无限的视角研究无限的问题,其结果往往也是无限的。

(3)说明

①叙述:说明阶段的叙述是要叙述事物的各部分之间上下文关系。矢量数据的显示过程一般是:首先通过矢量数据索引将符合给定空间条件的矢量数据取出来经过传输介质(比如网络)传给矢量数据使用者(客户端),然后对矢量数据进行一系列的坐标变换和处理,变

换为二维图像上的坐标点,根据显示参数,矢量数据最终通过绘图算法栅格化成图像像素,绘制成一幅二维栅格图像,在屏幕上显示或输出(如计算机屏幕显示、在纸上打印输出及生成图像文件输出等),其中矢量数据的绘制,最终被绘图算法归结为对一个个像素的操作,因此,可以在数据服务器端分析矢量数据之间的遮挡情况,并且对没有被其他矢量数据完全遮挡的矢量数据再进行化简处理,只把能最终显示出来的坐标点留下,然后将化简后的有效绘制的矢量数据进行传输并绘制,这种思想不但适合解决矢量数据的实时网络传输和绘制,也适合于解决栅格数据的实时网络传输和绘制。

②说明:说明阶段的说明是核心内容,以确定的研究事物的角度来解决问题。以图的角度讲,首先,对矢量数据进行遮挡计算:在客户端视图窗口中绘制的矢量数据如果被绘制的其他矢量数据完全覆盖(遮挡),从客户端视图显示的角度来看,把此矢量数据从数据服务器端传输至客户端并绘制是没有意义的。

对没有被遮挡的矢量数据进行化简,如果矢量数据显示的比较小,视图窗口范围内显示的矢量数据的个数就比较多,但每个矢量数据显示到视图窗口上填充的像素个数减少;如果矢量数据显示的比较大,矢量数据显示到屏幕上填充的像素个数比较多,需要更多的坐标点来表现矢量数据的细节部分,但视图窗口范围内显示的矢量数据个数减少,因此用于视图窗口显示所需要的最大的矢量数据的数据量,就是用于填充完视图窗口的全部像素所需的矢量数据(如图6.4所示)。

6 螺旋论思维

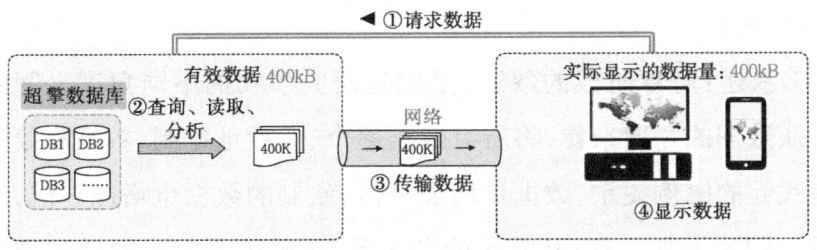

图6.4 从图的角度提升系统性能

③解释：说明阶段的解释是对解决问题的方法进行分析、综合、概括、提升，把这个方法变成一个具有普遍性的规律和解决问题的思想。事物的不同的时空秩序都是事物的元系统的投影，是元系统投影下的多个"相"，即一物多相是元系统不同的投影，也是系统的不同侧面，观察事物的不同角度。

研究数据量对GIS系统地图显示性能，如果从数据的角度讲，地图显示所需的时间，就是数据进行逐个、线性地绘制所需要的时间累加后的值，GIS系统地图显示性能就严重的受到数据量的制约，相对于硬件性能的提升，数据量是爆炸式增长的，因此GIS系统地图显示性能会越来越慢；如果从显示地图的屏幕分辨率的角度讲，能显示出来的最大数据量是有限的，因为屏幕分辨率是有限的，和数据量的增长相比，其增长是非常缓慢的，相对于系统其他硬件的性能的增长也是缓慢的，如果只是绘制能显示出来的数据，GIS系统地图显示性能反而会越来越快。

④升华：一个系统中实现某个子系统的功能，不能固定在某个"相"上，这个相下解决不了的问题，转换为另一个相下将得到更好的解决。

(4)解释

①叙述:解释阶段的叙述,是叙述研究事物的不同角度之间的关系。从数据的角度来看,将所有数据逐个、线性地绘制,数据和绘制之间是线性的比例关系,数据量增加一倍,绘制的数据也增加一倍,绘制的总时间也增加一倍;从显示的角度看,无限的数据在被绘制到有限的屏幕像素上时,产生了相互压盖,绘制的数据和显示出来的能被看到的数据是非线性的对应关系,也就是说,最终用于显示地图的单个像素对应了多个数据。

因此,矢量数据和地图之间的关系,数据量和地图显示效率之间的关系是线性的还是非线性的,取决于研究解决问题的视角。

②说明:解释阶段的说明,是分析综合不同视角下研究问题方法之间的对立统一的因果关系。GIS的地图显示,以数据为视角的线性关系可以转化为以地图显示的屏幕像素为视角的非线性关系,线性关系和非线性关系,其实也反映了有限和无限之间的关系,直接决定了系统的整体性、有序性和内部结构的优化趋向。

以数据为视角的线性关系没有考虑不同数据绘制时的非线性的相互作用,属于还原论的思想,其解决方法也是还原论的方法,如果相对而言,要素之间存在有限和无限的关系,那么也就将有限和无限割裂和对立起来了。以地图显示的屏幕像素为视角的非线性关系是考虑了要素之间的非线性相互作用,有限的事物相对于无限的事物而言丧失了许多对称性,将有限和无限统一起来了,必然导致非线性的关系,属于系统论的思想,如果用非线性的方法来解决问题,那么属于复杂问题,而螺旋论的思维方法是通过系统的元系统,将非线性问题用线性方法来解决。

因此,用螺旋论的思维方法,线性秩序可以转化为非线性秩序来解决,而非线性秩序可以通过线性方法来实现。

③解释:解释阶段的解释,是分析综合认识事物的不同视角、不同方法之间的关系,揭示其背后的思想。GIS的地图显示,以数据为视角的线性关系可以转化为以地图显示的屏幕像素为视角的非线性关系,说明线性和非线性并不是事物的本质,而是事物的一体两面,线性与非线性反映的是事物性质不同的侧面,也就是说同一个事物,在不同的视角、维度和尺度下,表现出来的不同特性,即线性或者非线性。

非线性秩序可以通过线性方法来实现,事物非线性的本质特征并不一定是方法复杂性的根源,通过螺旋论的思维方法可以通过变换考察事物的视角、维度、尺度,将非线性问题转化为线性问题来解决。

④升华:线性和非线性是对立统一的,那么以二者为理论基础的还原论、系统论以及复杂理论也是对立统一的,即简单与复杂是对立统一的。

最终"1→0"是在"解释"中"升华",是目的性和规律性的更深层次的统一,如上述通过螺旋论的思维方法来分析矢量数据的数据量对GIS系统地图显示性能的影响,根据线性和非线性是对立统一的规律,可以实现系统稳定运行和实现方法简单高效的目的。

根据螺旋论的思维方法,对矢量数据的数据量对GIS系统地图显示性能的影响进行认识的过程,由宏观的叙述、说明、解释的思维过程,以及不同阶段的思维中的叙述、说明、解释的思维过程进行了论述,可以发现,不同的阶段,思维的方法是不一样的,可以总结如表6.1:

表6.1 思维过程及其方法

	叙述	说明	解释
叙述	现象	关系	角度
说明	关系	角度	方法
解释	角度	方法	思想

根据上述的分析,我们继续完善 GIS 的元系统,首先建立 GIS 系统的元系统。

(1)确定 GIS 的定义

GIS 是在计算机硬、软件系统支持下,对整个或部分地球表层(包括大气层)空间中的有关地理分布数据进行采集、储存、管理、查询、运算、分析、显示和描述的信息系统。定义确定 GIS 的性质是处理空间数据的计算机系统,功能范围包括空间数据的采集、储存、管理、查询、运算、分析、显示和描述。

(2)由 GIS 的定义生成系统的宏观时空秩序

根据地理信息系统定义中事物的本质,将定义中包含的要素划分为相互作用、相互转化、相互对立、相互统一的两种属性,地理信息系统的两种属性是数的属性和图的属性。其中以数据为主的部分包括:地理分布数据进行采集、储存、管理、查询、运算、分析;以图形为主的部分包括:显示和描述。数据和图形描述的是同一个地理对象,数据和图形是一体的,数据中隐含了图形,图形中隐含了数据,数据和图形是相互依存的(如图 6.5 所示),因为它们都是从定义转化而来,所以其目的是相同的,即地理信息系统的性质是满足用计算机处理地理信息的需求,所以说数据和图形是统一的,之所以数据和图形表现出不同的性质和特征,用途不同而已。

图6.5　GIS系统中的数和图

①建立数和图相互作用、相互转化的方法。实现数据和图形之间相互作用、相互转化的基础就是数据和图形之间的坐标转换。空间数据是经过坐标转换、渲染的方法,通过像素的介质把空间数据显示成图形的。数据的处理也往往是将数据显示为图形进行人机交互处理。

三维空间顶点坐标的变换过程分为三个阶段：a.用户定义的坐标变换,将数据变换到一个统一的世界坐标系下,一般称为世界变换(World Transform)或模型变换(Model Transform);b.虚拟照相机控制的变换,通过视点变换将顶点坐标映射到以虚拟照相机为中心的三维坐标系下,然后通过投影变换形成规格化的二维坐标;c.通过视口变换将规格化的二维坐标映射成像素坐标。

二维空间的坐标变换一般需要进行一次变换就可以变换为对应于用于图形显示的视图窗口下的视图坐标,假设视图窗口的宽度为 W ,视图窗口的高度为 H ,即视图窗口的分辨率为 $W \times H$ 。视图中空间数

据的放大比例为 R，地图显示的空间数据的矩形范围为（gx_{min}，gy_{min}，gx_{max}，gy_{max}），地图中心点空间数据的坐标 P_0（X_0，Y_0），其中 $X_0 =$（$gx_{min} + gx_{max}$）/2，$Y_0 =$（$gy_{min} + gy_{max}$）/2。原始空间数据的坐标点为 $p(x, y)$，视图窗口坐标系下的坐标点为 $p'(x', y')$，计算方法为：

点为 $p'(x', y')$，视图窗口的宽度为 W，视图窗口的高度为 H。

$$x' = (x - X_0)R + W/2$$
$$y' = H/2 - (y - Y_0)R$$

同理，在已知视图窗口坐标系下的坐标点 $p'(x', y')$，计算原始坐标系下坐标点 $p(x, y)$ 的方法为：

$$x = X_0 + (x' - \frac{W}{2})/R$$
$$y = Y_0 + (\frac{H}{2} - y')/R$$

空间数据放大比例的计算方法是：在视图窗口的外包矩形的宽度除以查询空间数据的矩形的宽度所得的值和视图窗口的外包矩形的高度除以查询空间数据的矩形的高度所得的值中较小的作为空间数据的放大比例 R。

②建立数和图的处理规则和途径

A.空间数据的处理规则和途径：

a.处理空间数据问题，直接以空间数据为视角进行处理。

b.用空间数据和图的相互转换的视角来分析处理空间数据，如用视图的参数去分析处理数据[42-45]。

c.用图的视角和方法去分析处理空间数据，空间数据需要处理的问题，可以在图上探索更好的、等效的解决方法。空间数据需要处理

的问题转化为地图上去处理,则需要建立视图模型:

(a)数据结构:栅格数据结构,模型中用栅格数据来表示二维栅格图像,把视图窗口平面划分成均匀的网格,每个网格单元称为像素,栅格数据结构就是像素阵列,栅格中的每个像素是栅格数据中最基本的信息存储单元,其坐标位置可以用行号和列号确定。由于栅格数据是按一定规则排列的,所以表示的实体位置关系是隐含在行号、列号之中的。每个像素值用于代表空间数据的属性或属性的编码。

(b)模型的控制参数(约束条件):包括视图模式,视图窗口的外包矩形(像素坐标);视图中空间数据的放大比例,查询空间数据的矩形范围;视点参数,投影参数。

(c)模型的操作方法:包括初始化方法,用于给模型的栅格数据赋初始值和给模型的控制参数赋值;坐标变换方法,用于将空间数据的原始坐标系下的坐标点根据模型的控制参数变换为视图窗口坐标系下的坐标点;像素操作方法,用于给像素赋值(栅格化)、读取和判定像素值。

B.图的处理规则和途径:

a.处理图的问题,直接以图为视角进行处理。

b.用空间数据的视角和方法去分析处理图的问题,如果图有需要处理的问题,可以将图转换为空间数据再去探索更好的、等效的解决方法。

c.用空间数据和图的相互转换的视角来分析处理图的问题,如用空间数据索引去分析处理图形的问题。

③建立数和图的宏观空间秩序。

系统的宏观空间秩序,决定了系统所表现的宏观特性,比如是线性

时空

的还是非线性的。系统要表现出什么样的宏观特性的关键在于主体的期望是什么,即达到主体的目的。地理信息系统的目的就是处理空间数据,那么系统的宏观特性就是系统处理空间数据的能力,即在系统运行没有性能瓶颈的情况下,硬件要求最低,资源消耗最低。

GIS 系统的性能瓶颈是由于数据量的爆炸式的增加和硬件能力有限所造成的,而且从理论上相对而言数据的增加是无限的,而硬件的能力的增加是有限的。现有方法论建立的系统的数和图之间的秩序是如图 6.6 所示的秩序,在数据的读取、传输、绘图显示上,无论是数据量还是数据处理时间上,都是线性的,地图上显示的标注,因为标注之间不能有压盖,每个标注都要和相邻的标注进行空间关系计算,因此标注处理的时间和数据量是"非线性 A"(如图 6.6 所示),这是数据量增加以后造成系统性能瓶颈的根源。

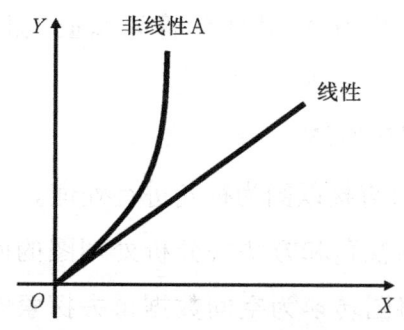

图6.6　现有方法论下数和图的秩序关系

这也是传统方法论下的方式制约这个行业几十年的难题,现在用螺旋论可以很容易解决。我们从地理信息系统的元系统来建立系统的宏观秩序。我们实际上需要的秩序是图 6.7 的"非线性 B",即数据量基本不影响系统的性能,那么就要解决有限和无限之间的关系。在元系统中"数和图的处理规则和途径"中,处理空间数据有3种途径,而传统方法都是以空间数据本身为视角进行数据处理,那么如果空间数据是无限的,处理后往往也是无限的。要解决无限和有限之间的问题,首先要找到有限的视角来处理无限的问题,发现在元系统中另外两个和图结合的处理途径中是包含了有限的视角。地理数据的数据量是无限增长的,地图显示受硬件分辨率的限制是缓慢增长的,相对而言是有限的。

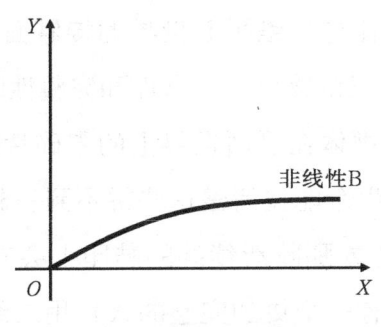

图6.7 螺旋论下数和图的秩序关系

以视图的视角来处理空间数据。随着时间的推移,显示分辨率也会提高,因此是螺旋上升。

6.4 螺旋论思维的方法

人类如果没有思维,就不可能获取知识,也就不能用知识去解决问题。思维的能力的大小、层次的高低,关键在于思考的维度和思考的方法。对于同一个问题,同一个事物,人们观察与思考的维度不同,能

时 空

从几个思维角度去观察与思考,就称作几维。例如,失去知觉的人,没有明显的思维活动,称作"零思维",即"零维";头脑单纯,一条道跑到黑,其思维方式称作"一维";善于从两个方面去观察与思考问题,其思维方式称作"二维";能从三个主要方面去考察分析的思维方式,称作"三维",还有四维、五维、六维等多维思考。低维往往是高维的投影,低维是很难理解高维的。

举一个三维世界和二维世界的例子。首先假设有一些生活在二维平面世界的生命,它们的世界里只有长和宽,根本无法理解第三维——"高"。因此,它们对三维世界的感知只限于三维物体在二维平面世界的投影,或者三维物体与二维平面世界的接触面,一个平面生命怎么能够通过投影来想象三维物体的丰富性和完整性呢?当三维物体与平面世界接触时,三维物体在平面世界上的零碎片段,比如人印在地面上的两双鞋印,平面生命能搞清楚这些拼不到一起的碎片究竟意味着什么吗?它们不能想象那断断续续的鞋印上会有一双完整的鞋。而且,鞋的上面竟然还有一个更加完整的人!用二维的眼光来打量这些碎片,永远不可能将它们拼成一个整体,只有提高维度才行。

螺旋论构建起由"0→1→N→N→1→0"的螺旋层次理论体系,N代表万物,表示系统中的所有要素。"道生一,一生二,二生三"是对"0→1"的过程的细化,同时也生出了元系统。元系统对系统所有的要素、子系统、层次的"一体同观",建立的不是单层次的规律和秩序,而是贯穿所有要素、子系统、层次以及层次间跃迁、转化或变换的共同规律和秩序。因此系统中的每个要素都是元系统由高维向低维的投影,并且元系统中的信息时空是全息的、超时空的。"1→N→N→1"过程中的事物,发展演化、时空秩序等都是元系统投影的"相",如果思维的整个过程都在"1→N→N→1"的过程之中,那么都属于"就事论事",属于佛家所说的"着相","凡所有相,皆是虚妄"。

在《道德经》第37章中写道:"道常无为而无不为。侯王若能守之,万物将自化。化而欲作,吾将镇之以无名之朴。镇之以无名之朴,夫亦将不欲。不欲以静,天下将自正"。"无为"不是不为,不是什么也不做,是高层次的"为",它和"有为"最大的区别在于"为"的基础。"无为"是建立在"无"基础上的"为",而"有为"是建立在"有"基础上的"为",是一个依靠事物来决定意识的过程。但是这个事物是不停地变化的,非常不可靠的,不同的时空上存在着形形色色的外在表现,如果我们始终追随着这些事物的特征,这叫"心随物转"。正是因为"无为"是基于"无"上面的"为",所以它才是不受任何限制,最根本的"为",所以才是"无不为"。"道"的作用就是这样的"无为而无不为",和《金刚经》最后重点强调的四句偈文"一切有为法,如梦幻泡影,如露亦如电,应作如是观"的意思如出一辙。

西方经典科学的还原论的思维方法注重分析,即注重对N的分解,近代科学崇拜分析,而且几乎把科学方法等同于分析,这就带来了机械性;整体论的思维方法注重综合,即把重点放在N的整体上,而传统整体论,一是由于时代科学的限制,一是过分强调整体,以至于它的"综合"往往成为研究深入的障碍;系统论的思维模式是:正如部分和整体、系统和要素是不可分离的一样,分析和综合也是辩证联系在一起的。但并不是从元系统这种全息的角度出发,"1→N→N→1"的过程在时空上属于元系统信息时空的片段,系统论的思维模式仍然属于"着相"。螺旋论的思维,在分析解决"1→N→N→1"系统的整个过程中的问题时,重点要结合有无之间进行思考,即注重结合"0→1"的过程。

时 空

例如，现有用火柴拼成的数字 50080，如何移动两根火柴使数字最大？

如果直接对 50080 这个数进行分析，那么往往想到的是，将位数提高，将高位数变大，比如：应将 50080 第一个 0 的上下两根火柴取下，原来第一个 0 就变成 11，而被取下的两个火柴再插入到 5 的后面，就可以变成 51111080，将 5 位数变成了 8 位数。

针对 50080 这个数进行分析，就属于"着相"，意思是执着于外相、虚相或个体意识而偏离了本质。如果用螺旋论的思维来进行分析，要回归到事物的起点，即"从无到有"的过程进行分析，那么首先确定 50080 的性质是数，然后回归到数的定义、数的性质，也就是数的目的是用于计数、标记或用作量度的抽象概念。数用于表示无和有，无用 0 表示，数用于表述有的范围从无穷小到无穷大，即 0、0 到无穷大、0 到无穷小。由数的性质和范围给我们确定了求解最大数字的方向，就是无穷大。而数的常用表示方法，我们知道的有整数、指数、分数和公式都可以表示一个数的大小，那么我们由数的概念来分析 50080，如何移动两根火柴使数字最大呢？我们分析哪种数的表示方法所表示的数字更大，如何才能达到无穷大。单个数字受限于数的位数的多少，无法达到无穷大的情况，不如指数更能表达更大的数量。

（1）对于指数来说，就是要突破现有数字的表示形式。比如移动第 1 个 0 的上下 2 根火柴，原来的数字变为 511080，而 2 根火柴又能组成数字 11，从而得到 2 个数字：511080 和 11。根据两个数字的相对位置，可以变化出不同的数。比如，将 11 放在 511080 的右上角，得到了 511080 的 11 次方。若将 11 放在 511080 的左下角，则变成了 11 的 511080 次方，这是一个很大的数字了，但不是无穷大。

（2）对于分数或者公式表达来说，就是结合数学公式的运算符号来表达一个数。用火柴所能拼出的常见运算符包括加、减、乘、除。其中，加、减运算比第一种结果小，乘法比指数的结果小。而对于除法来说，要使公式得到的结果无穷大，就要将分母变得无穷小，求极值就是0。因此，把分母变为0的除法公式就可以表示无穷大了，移动5后面的0的上下两根火柴，拼成除号"/"，放在最后一个0前，得到51108/0，其结果就是无穷大。如果单从50080这个数本身去分析，如果能想到这种方法，需要具有颠覆性、突破常规的思维方式的，但如果用螺旋论的分析方法，提高了分析的维度，很容易想到用分数或者公式的方法。

6.4.1 多种方法论的统一

每一种方法论都有他适合的时空环境，而系统的不同的时空秩序都是元系统的投影，是元系统投影下的多个相，即一物多相是元系统不同的投影，也是系统的不同侧面，观察事物的不同角度。针对某个相，不但可以用适合该相所对应的方法论，而且某个相下要解决的问题，也可以转换为另一个相下得到更好的解决，因为不同的相本质上是统一的。这意味着，两个表面上看来非常不同的理论是完全等效的。一个系统中实现某个子系统的功能，不能固定在某个"相"上，也不能固定在某个"相"所对应的方法论上去找解决方法，比如找到还原论和系统论中的等效方法。系统论发展已经快100年了，但是在实际系统中，还原论仍然占据主导地位，原因是非线性方法的复杂性，复杂到有些问题找不到解决非线性的解决方法，而且复杂问题也不能简化为线性问题,如果通过元系统的多个投影的"一物多相"的原理,这个"相"下解决不了的问题,转换为另一个"相"下得到更好的解决,这个"相"下非线性的问题在另外一个"相"下找到等效的线性解决方法。下面举的例子,是一个非线性的问题,而且一直没有找到非线性的解决方法,用还原论的线性方法进行等效的解决。

GIS系统的性能瓶颈是由于数据量的爆炸式增加和硬件能力有限所造成的,其中最为显著的问题是:在高精细地图的海量空间数据中,矢量数据要实现实时快速传输和显示。而且从理论上相对而言数据的增加是无限的,而硬件能力的增加是有限的。解决此问题的关键方法之一是把矢量数据经自适应化简后再进行传输和显示,解决无限和有限之间的矛盾,达到我们用螺旋论建立的GIS元系统所确定的宏观秩序,即"非线性B"。但是对于矢量数据化简来说,如何保证化简后的矢量数据能正确的显示其空间关系是国内外的行业难题,直到2005年SuperEngine首次解决了这个难题。

因为矢量数据经自适应化简后保持显示的空间关系不变是一个非线性问题,比如对太湖区域的矢量数据进行化简,与太湖面图形相邻的是多个不同图层的线图形,如道路线图形、景区边界线图形,面图形与线图形在空间关系上是相邻关系。在化简过程中,去掉(化简掉)太湖这个图形中的每个坐标点都要考虑这个坐标点对道路线图形、景区边界线图形空间关系的影响,而道路线图形、景区边界线图形也需要进行化简,一直没有找到非线性的方法来解决这个非线性的问题。特别是在实际应用中往往不知道正在化简的图形会对哪些图形产生空间关系的影响,因为一个地图有大量的图层,当化简一个图层的图形数据时，需要同时考虑其他图层与当前图层图形之间的位置关系，而当数据采用分布式的方式进行存储时，问题变得更加复杂。

最具有代表性的矢量数据的化简方法——道格拉斯—普克法（Douglas—Peucker），最大的缺陷是没有考虑矢量数据之间的空间关系，不能保证所有经化简后的矢量数据之间的空间关系能够正确显示。该方法的基本思路是：对每一条曲线的首末点虚连一条直线，求所有点到直线的距离，并找出最大距离值 d_{max}，用 d_{max} 与限差 D 相比：若 $d_{max}<D$，这条曲线上的中间点全部舍去；若 $d_{max} \geq D$，保留 d_{max} 对应的坐标点，并以该点为界，把曲线分为两部分，对这两部分重复使用该方法。该方法必然导致化简后数据之间空间关系的错误。如图6.8所示，太湖面图形与道路线图形在化简后发生了重叠。

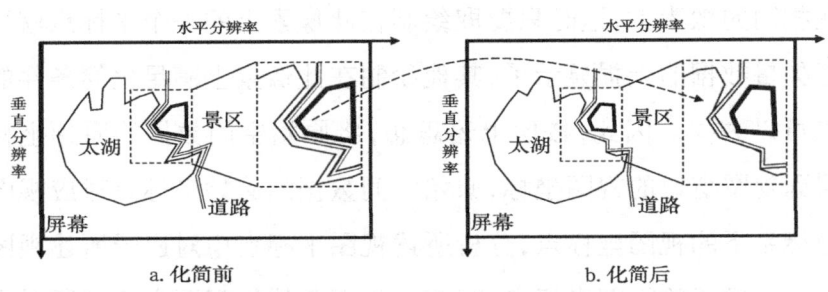

图6.8　各图层化简前后叠加效果

我们现在用螺旋论来分析这个问题，根据地理信息系统的元系统，空间数据的处理规则和途径有3种，第一种是直接以时空数据为视角进行处理，因为数据之间的非线性相互作用，国内外都一直没有找到解决办法。那么我们能否用图的视角，找到等效的矢量数据化简方法

时 空

呢？首先分析，数和图相互作用、相互转化的方法：

假设矢量数据的坐标点为 $p(x, y)$，视图窗口坐标系下的坐标点为 $p'(x', y')$，视图窗口的宽度为 W，视图窗口的高度为 H。

$$x' = (x - X_0)R + W/2$$

$$y' = H/2 - (y - Y_0)R$$

因为视图窗口的范围是有限的，x' 的范围是 0 到 W 之间的整数，y' 的范围是 0 到 H 之间的整数。而 x, y 的范围是没有限制的实数。无限的数投射到有限的数的范围内，肯定会产生重合，如果只是把重合的坐标点去掉，不会影响到任何其他矢量数据的空间关系。

具体化简方法的描述如下：在空间数据的化简过程中，其对应的实际场景为：由于视图窗口的分辨率是有限的，当高分辨率的空间数据在视图窗口上显示时，会有表现空间数据细节部分的数据（坐标点）绘制在相同的像素上，这时只要取绘制在此像素上的一个坐标点就可以保证矢量数据的无损显示了，其他绘制在此像素上满足化简条件的坐标点可以去掉。因此，按照上述思想，将原始空间数据的原始坐标变换得到视图窗口的视图坐标，原始空间数据的原始坐标点对应视图窗口坐标系下的视图坐标点，分析所述视图坐标点中对应于所述视图窗口上相同像素的视图坐标点；将符合化简条件的视图坐标点所对应的原始空间数据进行化简。将化简后的空间数据进行显示或者传输，不但能保证空间数据的无损显示，做到自适应化简，而且能保证空间数据之间空间关系显示的正确性，因为在显示效果上，化简前和化简后显示的效果是一样的（如图 6.9 所示）。

在这个方法之中，就是把系统论的非线性问题，用还原论的线性方法等效地解决了。

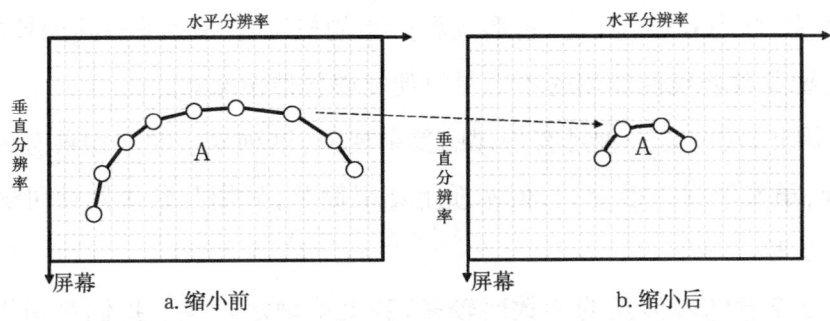

图6.9 缩放对显示的影响

6.4.2 简单与复杂的统一

"道生一,一生二,二生三,三生万物,万物负阴而抱阳",说明了一个简单与复杂的关系。"0→1→N→N→1→0"说明一个简单与复杂的动态发展过程,体现了世界是简单性与复杂性的统一,并由简单生成复杂,并沿着趋向复杂的方向不断演化(从整体上而言,这种演化不是线性的增长,而是分裂、合并的非线性变化)。

因此,复杂性是现实的表面现象,而内在的简单性才是它的固有的本质,比如数学分形虽然具有无限的细节、无穷无尽的复杂性,但究其原因,只是一个很简单的数学规则在计算机中反复应用的结果。

在混沌理论中,简单与复杂的关系呈现出多种关联:首先,简单系统在运动过程中可能产生复杂行为。1963年建立的洛伦兹动力学方程,是一个描述大气对流状况的数学模型,这个方程描述的系统只有三个变量,其运动却是混沌的。其次,复杂的行为最终可能以简单的形式表现。混沌中能够生出秩序、产生规则、创立新结构,各式各样的涡旋可以看作是从杂乱无章的世界中产生结构化形式的范例。最后,引起复杂行为的原因并不一定复杂,也可能简单。混沌的性质显得高

时 空

深莫测、极为复杂，但是，它形成和产生的机理却可以是极其简单的，只需要某种非线性作用的不断重复便能够构造出来。

因此，混沌是一种是有规律的复杂现象，这种复杂的事物具有分形结构，虽然形式上很复杂，但本质上却很简单，只用几条规则便可破译它的奥秘。

复杂意味着涉及的参数比较多，甚至不确定。除了我们熟知的物理空间的维度外，从广义上讲：维度是事物有联系的抽象概念的数量。联系是指一件事物如果能使另一件事物发生改变，那么这两件事物便有联系；从哲学角度看，人们观察、思考与表述某事物的"思维角度"，简称"维度"；数学维度是在一定的前提下描述一个数学对象所需的参数个数，完整表述为"对象 X 基于前提 A 是 n 维"。通常的理解是"点是0维、直线是1维、平面是2维、体是3维"。实际上这种说法中提到的概念是"前提"而不是"被描述对象"，被描述对象均是"点"。故其完整表述应为"点基于点是0维、点基于直线是1维、点基于平面是2维、点基于体是3维"。再进一步解释，在点上描述（定位）一个点就是点本身，不需要参数；在直线上描述（定位）一个点，需要1个参数（坐标值）；在平面上描述（定位）一个点，需要2个参数（坐标值）；在体上描述（定位）一个点，需要3个参数（坐标值）。如果我们改变"对象"就会得到不同的结论，如："直线基于平面是4维、直线基于体是6维、平面基于体是9维"。

复杂意味着时空关系复杂，即在时空上的非线性的存在、变化、相互作用；简单意味着时空关系简单，即在时空上简单的，甚至是线性的存在、变化、相互作用。复杂和简单的统一，就是在不同的视角、维度和尺度下，表现出来不同的时空关系，将复杂的时空关系转化为简单的时空关系进行等效解决。比如在计算机图形系统中,计算机屏幕可以显示复杂的时空关系的时空数据,但是组成计算机屏幕的像素的时空关系却是非常简单的。

维度越高越复杂,可能这正是我们所需要的或者事物本身具有的秩序,但是产生秩序背后的规律是简单的,复杂和简单的统一就是用简单的方法实现复杂的秩序,是合目的性和合规律性的统一。简单与复杂的问题,也可以归结为线性和非线性的问题,简单与复杂的统一归结为线性和非线性的统一。因此事物的简单与复杂,关键在于维度变化和视角的转换。根据螺旋论,事物的不同的时空秩序都是事物的元系统的投影,事物的多个侧面,也就是观察事物的多个角度,都是元系统投影下的多个"相"。因此简单和复杂的统一可以通过系统的元系统来建立。

1. 线性和非线性的统一

系统是由相互联系和相互作用的要素构成的统一整体,要素之间的关系,即线性关系和非线性关系,其实也反映了有限和无限之间的关系,直接决定了系统的整体性、有序性和内部结构的优化趋向。根据螺旋论,事物的不同的时空秩序都是事物的元系统的投影,事物的多个侧面,也就是观察事物的多个角度,都是元系统投影下的多个相。根据系统的元系统,通过事物的视角、维度和尺度的变换来研究线性和非线性统一的问题。

我们从两个角度来论述线性和非线性,一个是从考察系统中整体与部分之间的关系的角度,即叠加原理是否成立;一个是考察给定的两个变量(包括变量的时间特性)之间的关系的角度,即变量间的变化率是否恒量,这两种表述只是角度不同,本质上是等价的。

(1)线性关系

线性关系可以表述为最简单的比例关系,其反映了整体等于局部之和。若用线性函数 $y=f(x)$ 来表示,则线性关系具有以下两个特点:

①变量 y 的变化率伴随 x 的变化是恒量,变量 y 与 x 的函数关系是直线,这意味着函数的斜率在其定义域内处处存在且相等,变量间的比例关系在变量的整个定义域内是对称的。对线性函数进行一次求导可得:

$$\frac{dy}{dx}=c$$

式中,c 是常数,即反映了系统的要素之间的比例关系恒定。

如图6.10所示,当计算机在屏幕上绘制单个图形要素时,需要对图形的每个点坐标进行依次计算、再用硬件显卡绘制,绘制时间直接由点坐标的数量决定。假设单个线图形 G 由 n 个点坐标组成,对每个点坐标进行计算和绘制所需的时间均为 $\triangle t$,则绘制单个线图形要素 G 所需的时间为:

$$T=\triangle tn$$

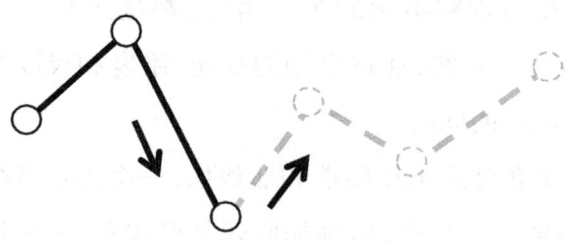

图6.10 逐线段依次绘制

随着采集技术的发展以及对高精细数据需求的不断增加,图形数据的精度在不断提升,单个图形的表达越来越精细化,使得组成单个图形的点坐标数量逐渐增多,其绘制时间也逐渐增长。

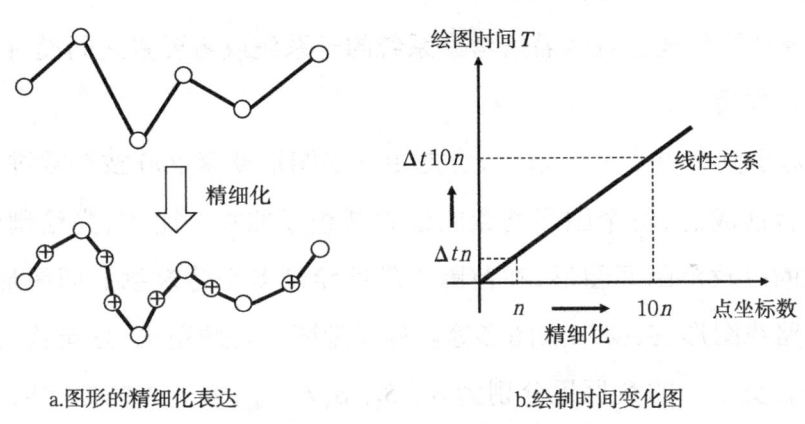

a.图形的精细化表达　　　　　　b.绘制时间变化图

图6.11　图形精细化对绘制的影响

由此可知,单个图形要素的绘制时间 T 与点个数 n 成正比例的线性关系,即绘制时间 T 与数据量 S 呈线性关系。随着数据量的线性增加,坐标点个数不断增多,绘图时间也呈线性增长,如图6.11所示。

②变量叠加原理成立,即加和性和齐次性。

加和性表现为:

$$f(x_1+x_2)=f(x_1)+f(x_2)$$

即将自变量 x 分解为多个子集 x_i 后,各子集的因变量 $f(x_i)$ 之和等于原因变量值 $f(x)$。

齐次性表现为:

$$f(kx)=kf(x)$$

即自变量 x 发生比例值 k 的变换后，其因变量的值也发生同等比例的变换。将加和性和齐次性综合表达，可得

$$f(ax_1+bx_2)=af(x_1)+bf(x_2)$$

式中，a，b，k 都是常数。

叠加原理成立意味着所考察系统的子系统或者要素之间没有非线性相互作用。

对于整个电子地图来说，它是由众多图形要素 {G_n} 按个数进行叠加组合而成的，每个图形要素的绘制都相互独立。比如，先绘制整个区域的行政范围面图形，在范围内继续绘制多个建筑物的面图形，以及道路线图形、公交站点图形等。假设地图中行政范围、建筑物、道路线和公交站点的数据量分别为 S_1、S_2、S_3 和 S_4，各要素的绘制时间为 T_1、T_2、T_3 和 T_4，则可得：

$$T_1+T_2+T_3+T_4=\triangle t\,(S_1+S_2+S_3+S_4)$$

其中，整个地图的数据量等于 $S_1+S_2+S_3+S_4$，地图的整体绘制时间等于各部分要素的绘制时间之和 $T_1+T_2+T_3+T_4$。因此，地图的整体绘制时间 T 等于各图形要素绘制时间 T_i 之和，而图形的绘制时间 T_i 与数据量 S_i 呈线性相关，故整个地图的绘制时间 T 与数据量总和 S 也呈线性相关。随着地物类型的不断丰富，越来越多的要素图形被存储、记录与数字化表达，使得图形要素 G_n 的个数逐渐增多，从而整体地图的绘制时间逐渐增多，但由于各个要素之间的绘制是相互独立的。因此，整体上仍是线性关系，如图 6.12 所示。

$$T=\sum T_i\quad(i=0,\,1,\,2,\,\cdots,\,n)$$

$$T_i = \triangle t S_i$$
$$T = \triangle t \sum S_i \quad (i = 0, 1, 2, \cdots, n)$$

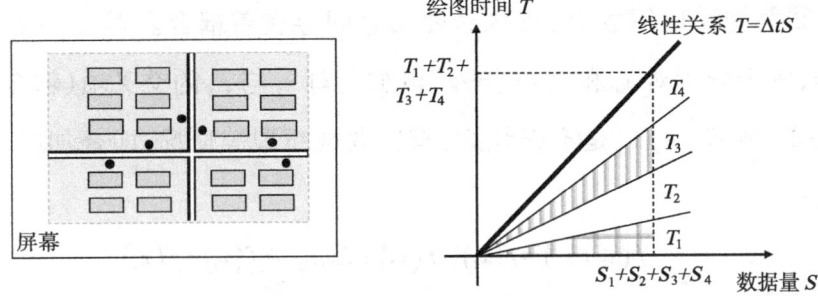

图6.12　地图整体与各要素的绘制时间关系图

(2)非线性关系

非线性关系是相对于线性关系而言的,是对简单比例关系的偏离,反映了整体不等于部分之和。相较于线性关系的唯一性,非线性关系存在多样性,其结构随着时间动态演变。若用非线性函数 $f(x)=x^2$ 来表示,则其不满足线性关系的特征。

①变量间的变化率不是恒量的,即描述一个系统所设定的一套变量中,一个变量的变化所造成的其他变量的相应变化是不成比例的,函数的斜率在其定义域中有不相等的地方。也就是说变量间的一级增量关系在变量的定义域内是不对称的,是造成叠加原理不成立的根源,即整体不再是简单的全部等于部分之和,而可能出现不同于"线性叠加"的增益或亏损。可以说,这种对称破缺是非线性关系的最基本的体现,也是非线性系统复杂性的根源,这不仅表现在事物形态结构

的无规分布上,也表现在事物发展过程中的近乎随机变化上。

$$\frac{dy}{dx} = 2x$$

即反映了系统整体变化的状态与自变量存在相关性。

②叠加原理不成立,意味着要素之间存在着耦合。对(x_1+x_2)的操作,等于分别对 x_1 和 x_2 操作外,再加上对 x_1 与 x_2 的交叉项(耦合项)的操作,或者 x_1、x_2 是不连续的,有突变或断裂等情况,即叠加原理不成立。

$$f(x_1+x_2) = f(x_1) + f(x_2) + 2x_1x_2 \neq f(x_1) + f(x_2)$$

即:将自变量 x 分解为多个子集 x_i 后,各子集的因变量 $f(x_i)$ 之和不等于原因变量值 $f(x)$。

同时,也不满足齐次性。

$$f(kx) = k^2 f(x) \neq kf(x)$$

即:自变量 x 发生比例值 k 的变换后,其因变量值的变换比例不等于 k。式中,k 不等于1。

如果说线性关系是互不相干的独立关系,那么非线性则是体现相互作用的关系,正是这种相互作用,使得他们之间的关系不再是一一对应的关系。因此,非线性不但指不按比例、不成直线,无法用线性形式表现的数量关系,如曲线,也包括自变量以特殊的形式变化而产生的不同于传统的映射关系,如迭代关系的函数,上一次演算的映射为下一次演算的自变量,显然这是无法用通常的线性函数描绘和形容的。

从数据的角度来看,整个电子地图的绘制过程都是线性的,每个数据单独绘制。从视图的角度来看,在视图窗口的分辨率确定的情况下,无论多海量、多精细的空间数据,用于视图窗口显示所需要的最大有效空间数据是恒定的,就是用于填充完视图窗口的全部像素所需的空间数据。因为视图窗口能显示的像素总数是有限的,无论空间数据的量有多大,我们能够看到的像素是确定的,先绘制的空间数据如果被后绘制的空间数据压盖,则相当于后绘制的空间数据遮挡了先绘制的空间数据,如果是完全遮挡,从视图显示的角度来看被完全遮挡的空间数据是不需要读取、传输或者在视图窗口上绘制的。

具体来说,空间数据的显示过程一般是:首先通过空间数据索引将符合给定空间条件的空间数据取出来经过传输介质传给空间数据使用者即客户端,然后对空间数据的坐标点进行一系列的几何变换和处理之后,变换为二维图像上的坐标点;根据显示参数,空间数据最终通过绘图算法栅格化成图像像素,绘制成一幅二维栅格图像,在屏幕上显示或输出,如计算机屏幕显示、在纸上打印输出及生成图像文件输出等。其中空间数据的绘制,最终被绘图算法归结为对一个个像素的操作。因此,当把空间数据绘制到计算机屏幕上时,每个像素往往会对应多个空间坐标,位于重叠图元越多的区域,像素对应的空间坐标数越多;缩放比例越小,像素对应的空间坐标数越多。由此可知,显示空间数据的像素与空间数据之间存在非线性的对应关系(如图6.13所示)。

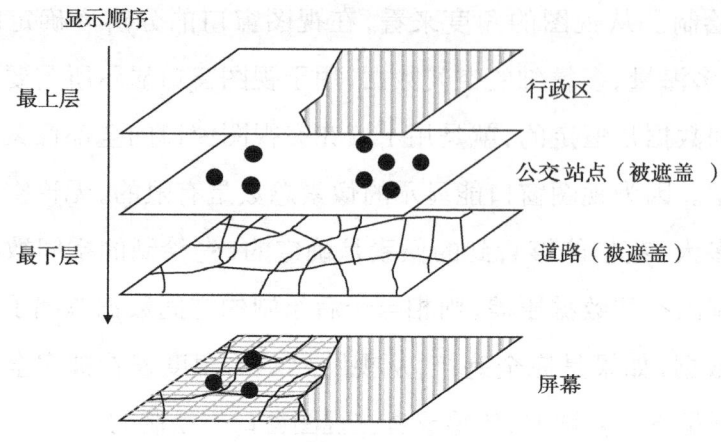

图6.13 像素与空间数据的对应关系

(3)线性和非线性之间的转化

由上述线性和非线性的分析可知,线性和非线性是统一的。一个事物在某个视角下是线性的,但在另外一个视角下却是非线性的。

如果以图形数据为视角,那么图形数据的显示问题就是线性的,每个图形数据单独绘制,地图显示的时间就是所有图形数据单独绘制的时间的总和,方法虽然简单,但是地图绘制的时间和图形数据量成正比。随着图形数据量爆炸式的增长,造成了图形数据显示效率的瓶颈,而且按照这个思路,这个图形数据量和显示性能之间的矛盾永远无法解决,简单的方法带来了无法解决的矛盾。

如果以视图的像素为视角,视图像素的总数是有限的,实际上能够显示出来的图形数据也是有限的,每个像素只能显示一个图形数据,也就是说,理论上地图显示有效的图形数据的最大值是确定的,即把所有像素都画完所需要的图形数据,那么如果把图形数据之间的这种相互作用后所呈现出的有效的图形数据进行绘制,总的绘制图形数据的时间,其最大值也是确定的,即把所有像素都画完所用的时间,和具体有多少图形数据是没有关系的。

图形数据之间在地图显示上的相互作用是非线性的。因此,解决地图绘制的效率问题,可以转化为图形数据的处理问题,即获取有效的图形数据,但是图形的化简问题,也是困扰国内外几十年的行业难题,直到苏州超擎的产品SuperEngine把这个问题解决,由前文矢量数据化简的方法可以知道,矢量数据的化简,恰恰是通过图的视角来解决了化简中的保持数据空间关系不变的难题。从中可以看出,很多问题之所以成为解决不了的难题,往往是因为"着相",而螺旋论就是通过元系统以不"着相"的思维来思考和解决问题。

①降低维度,将非线性问题转化为线性问题。

将高维投影到低维进行等效解决,降低解决问题的维度,提高解决问题的效率。降低解决问题的维度,首先是要通过元系统提高思考问题的维度,将所研究对象提升到更抽象的概念之中,因为所研究的对象是更抽象概念的殊相,即高维向低维的一个投影,它属于更抽象概念之中的一个要素、子系统、个例等。然后针对所要研究的对象,引入一个或者几个维度,所要研究的问题的复杂性在所引入的维度上是简单的,解决问题的维度是降低的,甚至是不需要解决的,即0维。通过引入的维度来解决所要研究的问题。

我们仍然以GIS中矢量数据的自适应化简为例,仍然是解决化简前后的矢量数据所显示的空间关系不变的问题。如果仍然以矢量数据为视角,引入新的维度,解决化简时保持空间关系的复杂的非线性问题,用螺旋论的理论,就要上升到GIS的元系统来研究这个问题,通过在元系统中与空间数据相互作用、相互转化的要素来探索。矢量数据是空间数据中的最为复杂的一种数据,在 GIS 的元系统中与空间数据相互作用、相互转化的要素是图,那么根据上一个节中建立的 GIS 的元系统,我们来分析数和图的相互转化和作用的方法:

假设时空数据的坐标点为 $p(x, y)$,视图窗口坐标系下的坐标点为 $p'(x', y')$,计算方法为:

$$x' = (x - X_0)R + W/2$$
$$y' = H/2 - (y - Y_0)R$$

其中,视图窗口的宽度为 W,视图窗口的高度为 H,视图中时空数据的放大比例为 R,地图中心点时空数据的坐标 $P_0(X_0, Y_0)$。

在矢量数据中的一系列坐标点,自适应化简就是在满足地图显示的情况下,各个坐标点之间取舍的问题,因此我们研究两个坐标点之间的关系,来研究坐标点取舍的规则[42-44]。两个原始矢量数据坐标点之间的关系和所对应的地图上视图坐标点之间的关系如何呢?假设矢量数据坐标点 $P_1(X_1, Y_1)$,$P_2(X_2, Y_2)$,变换后所对应的视图上的坐标点为 $P_1'(X_1', Y_1')$,$P_2'(X_2', Y_2')$。则

$$X_1' - X_2' = (X_1 - X_2)R$$
$$Y_1' - Y_2' = (Y_2 - Y_1)R$$

从上面的公式可以发现,两个原始矢量数据的坐标点之间的关系和所对应的视图坐标下的两个坐标点之间的关系,只和 R 有关,而且一个地图显示只对应一个 R,对所有要显示的数据都一样。因此引入 R 作为一个数据处理的维度,而且在这个维度下,如果视图坐标点重合,去掉重合的坐标点,不会影响地图显示效果,也不会影响与其他空

间数据之间的空间关系,因为本身这个坐标点就显示不出来。而两个视图坐标点重合说明这两个坐标点的 X 坐标的差值和 Y 坐标的差值的绝对值都小于1,即 $(X_1 - X_2)R < 1$ 或者 $(X_2 - X_1)R < 1$;$(Y_2 - Y_1)R < 1$ 或者 $(Y_1 - Y_2)R < 1$。也就是 $(X_1 - X_2)$ 的绝对值小于 $1/R$,$(Y_1 - Y_2)$ 的绝对值也小于 $1/R$。

在上述方法中,每个矢量数据只需要通过比较 $1/R$ 和坐标点之间坐标之间的距离,就可以把矢量数据显示时重合的数据化简掉,而且可以保证化简后显示的矢量数据之间的空间关系是正确的。将传统方法论解决不了的非线性问题,转化为了每个矢量数据只需要做简单的坐标比较的线性问题。

线性与非线性虽然存在本质的区别,但两者并不是完全对立的,通过变换考察事物的视角、维度、尺度,线性与非线性可以相互转化。线性和非线性并不是事物的本质,是事物的一体两面,线性与非线性反映的是事物性质的不同侧面,也就是说同一个事物,在不同的视角、维度和尺度下,表现出来的不同特性,即线性或者非线性。既然线性和非线性是对立统一的,那么以二者为理论基础的还原论、系统论以及复杂理论也是对立统一的,关键在于视角的不同,原理是一物多相,现有的方法往往依据于事物的某个特性,即物的某个相,有其适用范围和价值,因此并不排斥现有的方法,而是统一现有的方法。具体采用什么样的视角,要考虑合规律性和合目的性的统一。

②提高维度,将线性问题转化为非线性问题。

通过分析所要研究对象的内在秩序,就是所研究对象存在的因素,即构成所研究对象存在所必不可少的基本要素,思维的层次由所研究对象的整体层次变为要素层次,提高思考问题的维度,每个要素是一个更高层次的殊相,可以将这些要素提高到更高层次的共相,即要素所属的概念,从而继续提高维度。提高维度增加所要研究对象系统的灵活性、不确定性、开放性。下面以"曲别针的用途"为例:

20世纪80年代,日本创造学家村上信雄在中国召开的创造学会上做了一次演讲,他讲得有魅力,很新奇。演讲期间,他捧来一把曲别针,让听众说说曲别针的用途。听众回答:曲别针可以别相片;可以夹稿件、讲义……说了近30种。听众又反问他:"先生能说多少种?""噢,300吧!"听众惊讶了,很佩服他的智慧。

其实,村上信雄在思考问题时运用了方法论,将曲别针的应用看作两个组成部分的反应结果,即曲别针的功能及其应用的场景,并用两个坐标轴进行推算,如图6.14所示。横轴是他对曲别针主要用途的类型进行的归纳,主要为:钩、挂、别、联。纵轴罗列了使用的场景,比如休闲(钓鱼、唱歌、旅游等)、工作(量距、建模型、挖掘等)等。最后,将两个坐标进行融合关联,就形成了曲别针在各种社会活动下的不同用途,有300多种。

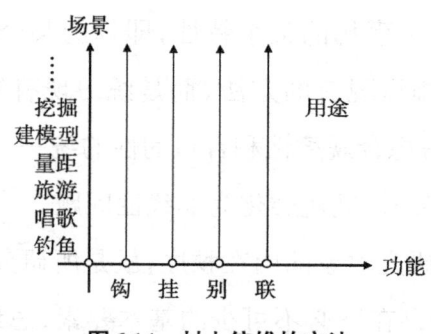

图6.14 村上信雄的方法

然而，曲别针的用途远远不止300种，用途的多少取决于思维的层次，常规性思维层次能够想到30种已经算很高了，而一旦提升思维的层次，将会爆炸式突增，甚至达到无穷多。

那该如何提升思维的层次？常规性思维层次是从具体的用途入手，思考具体的某个或某些接触到的用途，或者是突发奇想所想到的用途。然而，这个层次所能想到的数量是有限的，因为每个人的经历是有限的，所能想到的大多是亲身经历过的。

对此深入分析可知，每个具体的用途都是曲别针在社会活动场景中一个具体的"相"，这个相是由曲别针的内在秩序和社会活动场景的外在秩序之间发生相互作用所形成的，是在特殊秩序下所形成的一个殊相。因而，从用途的角度入手，思考发生了着相，即被限定在了由时空秩序所生成的特定的相中，而无法脱离相的范围以深入认识相背后的秩序，也就无法找到问题的本质解。在着相的情况下，曲别针作为一个整体与外部秩序发生整体作用，其维度较低，所对应的场景非常少，故而所能得到的殊相就非常有限。

因此，需要将思维的层次进行提升，从每个殊相中找到内部所包含的共相，也就需要分析相的内在秩序，即曲别针的内在秩序。曲别针的内在秩序就是曲别针存在的因素，即构成曲别针存在所必不可少的基本要素。因此，思维的层次由曲别针的整体层次变为要素层次。曲别针的长度是多少、质量是多少、体积是多少、硬度是多少、化学元素是什么、形状是什么、颜色是什么等，一系列使得曲别针这个物质所能存在的因素，这些都是曲别针的内在秩序。因此，从要素的层次入手，曲别针的用途已经从内在秩序与外在秩序之间的整体作用变为了要素层次的相互作用，其维度更高，开放性更大，所能形成的相也就更多。同时，要素之间能够相互作用、补充，从而形成新的要素。比如，长度是固定的，和测量长度的场景结合，曲别针能够作为尺子使用；质量也是固定的，能够作为称重的参照砝码等。

虽然要素层次已经达到曲别针的内在秩序，其维度也提升了很多，但要素是由曲别针的物质存在所决定的，依然被限定在物质时空秩序的层次，即每个要素是一个更高层次的殊相，这个更高层次就是要素的共相——概念，比如长度、质量、体积、硬度、化学元素、形状、颜色等，这些概念都是主观时空秩序，要素是其与曲别针的物质时空秩序之间形成的殊相。因此，概念是内在秩序的更高层次的维度，其开放性是无限的，从概念层次入手，曲别针的用途是概念层次的相互作用，所形成的相是无穷的。同时，概念之间能够相互作用、补充，从而形成新的概念。

同样的，对社会活动场景进行思维层次的提升，场景从某个具体的场景整体提升到场景的要素，再提升到的概念，如时间、地点、人物、事情等。从原先的整体逐渐提升到要素层次和概念层次，使外在秩序也具有更高的维度。由此，高维度的内在秩序和外在秩序相互作用，将释放出巨大的威力（如图6.15所示）。

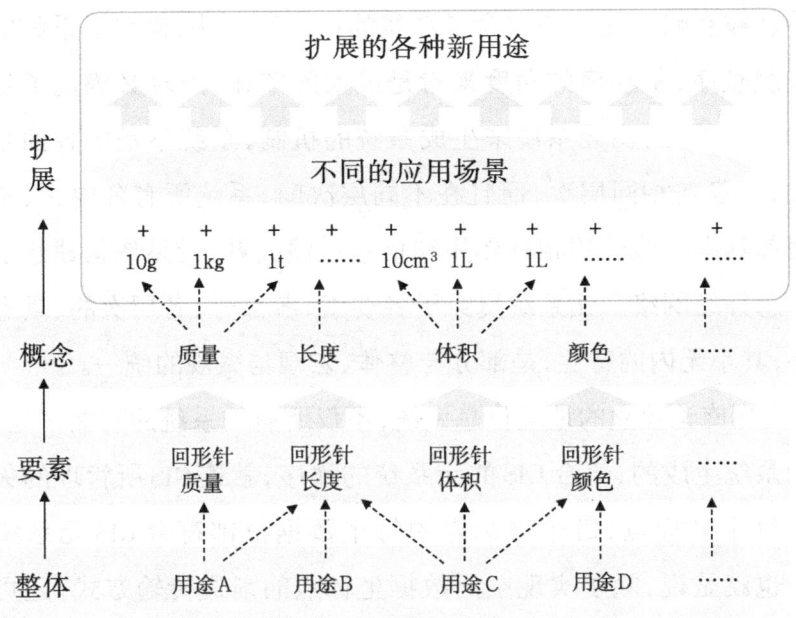

图6.15 思维层次提升

6.4.3 宏观与微观的统一

如同整体与部分是从系统构成的角度出发对系统进行的分析,宏观与微观是对系统进行分析的另一个视角。宏观和微观是相对的,宏观与微观只是描述事物的一个视角和层面,两者并不能严格划分。两者是相互关联和递进的,即在某个条件下,宏观就是微观,微观就是宏观。对于器官来说,人体是宏观层面的认识,具有人体的宏观特征。而将众多人体组合起来时,人体的宏观特征将消失,形成更高层面的宏观,此时,人体由宏观变为了微观。循环迭代,宏观与微观交替转换,达到了整体上的统一。

从宏观的角度看整个系统,系统中的细节会被忽略,仅留下简单的整体性特征。而从微观的角度看时,系统的每个细节会被凸显,整体性特征被忽略。元系统包含了系统的秩序和方法,确定了系统的整体的宏观秩序,从秩序的角度来看是最大的整体,同时又确定了生成系统的最小单元,由元系统来生成系统的机制,系统不是由各独立部件构成,不仅在相同层次,而且在不同层次间,系统所有各要素、子系统之间都具有非线性的相互作用和信息反馈关系,元系统构建起了系统的信息神经网络。元系统贯穿于各要素、各部分、各层次的,具有其大无外,其小无内的特性,是部分与整体、宏观与微观的统一。

用螺旋论建立的地理信息系统,不仅所有的系统的功能都是由GIS的元系统生成的,符合GIS的元系统的秩序,就连GIS所管理的矢量数据的每个坐标点,每个坐标点的每个数据位都符合GIS元系统的秩序。也就是说,除了实现空间数据坐标点的渐进传输方式,还可以实现坐标点数据按照数据位的渐进传输,并保证在渐进传输过程中,始终保持空间数据在显示时空间关系的正确性,解决了爆炸性增长的空间数据的数据量对地图显示过程中读取、传输、显示的压力,这是西方科学的方法论一直没有解决的行业难题。

6.4.4 部分和整体的统一

部分和整体之间的关系,从还原论的角度来看,部分之和等于整体,要素之间的关系是线性的相互作用;从系统论的角度来看,部分之和不等于整体,要素之间的关系是非线性的相互作用。而从螺旋论的角度来看,部分和整体的统一,是系统的部分和整体的合目的性和合规律性的统一。

从秩序的角度,具体而言是指要素和要素之间的相互作用的结果所体现的秩序和系统的整体秩序一致,也就是说系统部分秩序叠加后的秩序和系统的整体秩序一致。比如系统整体的宏观秩序是线性关系,那么系统的部分的秩序如果是线性的,因为变量叠加原理成立,即线性的加和性成立:

$$f(x_1+x_2)=f(x_1)+f(x_2)$$

如果系统的部分之中存在非线性 A 的秩序,就一定需要系统中其他部分存在非线性 B 的秩序来抵消,才能在系统的整体秩序上保持线性秩序。

从系统生成的角度讲,用螺旋论建立的系统,在系统生成上,无论是部分还是整体,都是由系统的元系统生成的,部分和整体统一于元系统。

7 螺旋论在地理信息系统上的应用

7.1 地理信息系统

地理信息系统（Geographic Information System，GIS）诞生于20世纪60年代。人类出于探索生存空间的需求，将客观世界以地图的形式进行抽象化呈现。随着计算机的出现和发展，为了便于处理分析，将地图转换为数字形式的地图呈现出来，便产生了GIS，它是一种特定的十分重要的空间信息系统，是在计算机软、硬件系统支持下，对整个或部分地球表层（包括大气层）的有关地理分布数据进行采集、储存、管理、运算、分析、显示和描述的技术系统。地理信息系统处理、管理的对象是多种地理实体、地理现象数据及其空间关系数据，包括空间定位数据、图形数据、遥感图像数据、属性数据等，用于分析和处理在一定地理区域内分布的地理实体、现象及过程，解决复杂的规划、决策和管理问题。简言之，地理信息系统是对空间数据进行采集、编辑、存储、分析和输出的计算机信息系统[46]。

7.1.1 GIS的发展演化

就目的性而言，GIS是满足人们对于空间数据的管理、显示、分析和处理的需求，即实现数据入库、管理、查询、分析、读取、传输、显示、编辑、制图等功能。根据需求模型，目前的GIS也包括如下几个阶段。

（1）生存阶段："0→1"的过程，电子地图，功能包括空间数据的管理、查询、读取、传输、绘制。

（2）发展阶段："1→N"的过程，专题地图，着重表示一种或数种自然要素或社会经济现象的地图，功能包括图层显示管理，空间数据和属性数据的查询、分析和处理，地图设计与制图。

（3）合作阶段："N→N"的过程，行业地图，根据空间位置，对行业数据的管理、分析、处理和显示，涉及GIS的几乎全部功能。

空间数据是人类生产生活中的基础信息，广泛应用在社会的各行业，如数字城市、军事、城市规划、文物修复、市政管理、安全生产、应急救援、农业、林业、矿产、公安、旅游、水利、环保、电力、交通、电信、金融、物流、石油石化、铁路、房产管理等几十个行业。如在电网行业中，和空间位置相关的业务数据有几百种，包括电网的各类导线、设备，种类繁多，不同的部门，需要在地图上显示、分析处理的数据都不一样。同时，在电网行业中有较多的根据地理坐标构建的业务分析模型，如线路的空间分析：连通分析、供（受）电设备分析、抢修路径规划，等等。

（4）共赢阶段："N→1"的过程，体现为统一的空间信息服务平台。以空间位置为主线，按地理坐标构建信息模型，描述地理坐标上每一点的全部信息及它们之间的相互关系，并提供有效、方便和直观的检索、分析和显示手段的统一空间信息平台。也就是说，在一定的空间范围内，以地理位置及相互关系为基础组成信息框架，并在该框架内嵌入我们能够获得的信息总和，从为某个行业提供统一的服务，到为多个行业提供统一的服务，直至为多个行业的融合提供增值服务。

随着不同区域的数据的集中、各行业数据的叠加融合，以及数据越越来越精细、精度越来越高、更新越来越快,需要系统的处理能力能适应数据量的爆炸式增长。

(5)自我阶段:"1→0"的过程,体现为大数据的神经,DT(Data Technology,数据处理技术)中的 IT(Index Technology,索引技术)。

世界正在进入"大数据"、现实社会和虚拟社会相互融合的信息化建设时代,而无论是对现实社会还是虚拟社会进行描述、展现、分析,时间、地点、人物、事件、场景 5 个基本要素中必不可少的是时间、地点(空间)。因此,空间不但是大数据的核心内容,也是大数据的索引,相当于大数据的神经,即 GIS 的索引成为 DT 中的 IT(Index Technology),GIS 也就成为大数据建设的核心平台。

从需求的角度来讲,对 GIS 的需求已经进入了新的循环,由处理空间数据为主发展为处理时空数据为主,也可以将其称为时空信息系统。

随着数据采集技术的发展,数据更新越来越快,而随着智能硬件和传感器的发展,解决了动态数据的实时获取,特别是在互联网基础上延伸和扩展的物联网的发展,其用户端延伸和扩展到了任何物品与物品之间,进行信息交换和通信,也就是物物相联。

我们关注的不仅是通过空间数据显示和分析事物的存在,而且还要通过时空数据显示、分析、管理事物的动态发展和演化,预测事物的发展趋势。

中国科学院李德仁院士也指出了时空大数据的重要性:"当前正在建设的智慧城市是在数字城市建立的基础框架上,通过物联网将现实的城市与数字城市进行有效融合,自动和实时地感知现实城市中人和物的各种状态和变化,基于时空大数据挖掘技术由云计算中心处理其中海量和复杂的计算与控制,为经济发展、城市管理和公众生活提供各种智能化的服务。"由此可见,系统需要处理的数据量呈现指数级增加。

根据需求模型,时空信息系统也包括如下阶段:

(1)生存阶段:"0→1"的过程,时空作为数据,呈现为动态电子地图,展现事物的演化过程。

(2)发展阶段:"1→N"的过程,时空作为架构,以索引的形式将万事万物进行统一的组织、管理。

(3)合作阶段:"N→N"的过程,时空作为关系,主要是分析各事物之间在变化、发展和演化过程中的相互关系、相互影响。

(4)共赢阶段:"N→1"的过程,时空作为秩序,由各种相关数据来分析事物的动态发展和演化,预测事物的发展趋势。

(5)自我阶段:"1→0"的过程,时空作为方法,由多种相关事物的动态发展、演化和趋势,得出各种时空关系达到一个做某件事的最佳时机,即"天时、地利、人和"。

其中每个阶段也是生存、发展、合作、共赢、自我的发展演化过程。

7.1.2　西方的方法论制约GIS目的性的发展

西方的方法论以"物"的角度,即以有形的事物为出发点,研究事物发展变化的内在的根据和本质联系,规律性的发展往往跟不上需求的脚步,甚至严重制约需求的发展。

1. 有限和无限之间的对立

网络及信息环境的建设及发展速度总是赶不上人们对空间信息需

求的增长,每当硬件设备发生一次技术突破,就带来一次空间信息及信息需求的爆炸式增长,空间信息的数据量和用户的并发访问的增长速度远远超过计算机硬件技术的发展速度,特别是网络带宽的增长速度,如果不能解决无限的数据量和有限的硬件性能之间的矛盾,现有的网络及信息环境建设水平无法与人们的需求相匹配,这个矛盾成为制约国内外和GIS相关的行业发展的瓶颈。以GIS最基本的显示电子地图为例。

在GIS的生存阶段,解决的主要需求就是电子地图的显示,由显示一个区域,到显示多个区域,发展到显示全国、全世界的电子地图;GIS系统由单机到局域网,再发展到互联网地图服务;数据量从MB(Megabyte,兆字节)级别,到GB(Gigabyte,吉字节)级别,增长到TB(Terabyte,太字节)级别。

电子地图显示的流程是:由客户端向服务器端发送数据请求,服务器根据请求参数查询、读取相应的空间矢量数据,再将矢量数据经过网络传输到客户端,由客户端进行实时绘制显示。以"物"的角度,即以空间数据本身为视角,建立的数据索引方法只跟空间数据本身有关,查找出的是在显示范围内的全部数据。假设当前显示的是全国范围内的数据,如果数据是1TB,那么查询、读取、传输、绘制的数据量都是1TB,即使单机显示的性能都无法满足。在互联网环境下,如果不对数据做预先的"切瓦片"等预处理,现有硬件和网络系统根本无法支持海量并发请求的互联网地图服务。

2. 简单与复杂之间的对立

为了解决海量空间数据对服务器、传输、显示环节造成的压力,不得不使用服务器对空间数据进行预处理,先按照特定的专题样式渲染成一张地图图片,再按照金字塔结构的格网将地图切割成不同层级的栅格图片。切片的层级越小,切片数越少,其所涵盖的空间数据就越多,比如图7.1中层级0只有1个切片,包含了全部空间数据。切片的层级越大,单个切片数据所包含的数据范围就越小,切片个数也越多。最后,根据不同的索引标准,对每个层级的切片进行编码,确定切片所具有的唯一索引值,常用的索引标准有OGC(Open GIS Consortium,开放地理空间信息联盟)的TMS标准(Tile Map Service,瓦片地图服务)、四叉树索引、Google索引等。由此,栅格切片技术将原先海量的空间大数据转换成按照层级网格组织的栅格图片文件,并存储在服务器端。

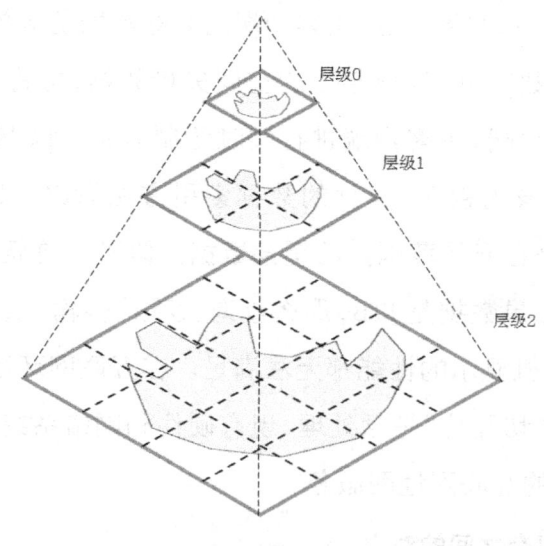

a.金字塔层级结构

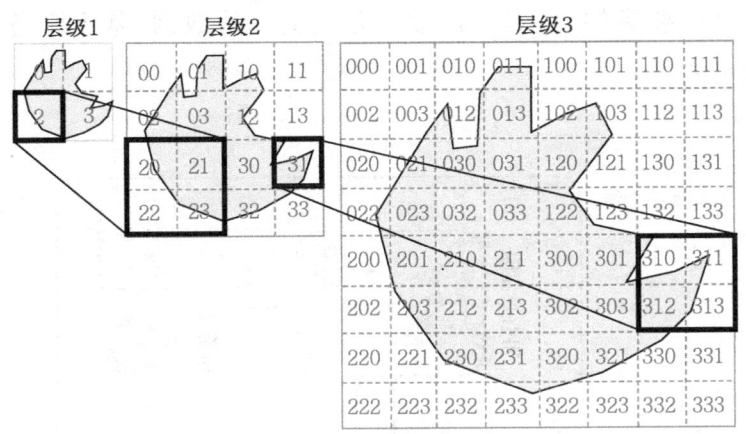

b. 四叉树索引

图7.1　四叉树索引

当客户端通过放大、缩小来浏览空间数据时,客户端可以根据当前显示范围的坐标,按照相应的切片索引标准,直接计算出相应的切片索引并发送给服务器,服务器将相应的切片数据传输到客户端进行显示(如图7.2所示)。

因此,切片技术解决了空间大数据在显示过程中对系统的读取、传输与显示环节造成的压力,从而实现了在分布式网络架构下地图显示的高并发、高性能要求。

这是一种人为处理的有限和无限之间的关系,而不是事物本身所具有的有限和无限之间的关系,是一种还原论的思想,把复杂问题简化为简单问题,必然产生很多不良后果。栅格切片只能用于电子地图的显示,而且一旦生成就无法再次直接修改,除非重新切图。瓦片发布将所有数据都"压"为一个图片,也就不存在GIS意义中的层的概念,无法根据用户需要,对各种图层进行控制显示,表达方式较为单一,往

时 空

往为了某一要素的显示与否,要准备几套切片数据,基于服务方式发布多种服务。

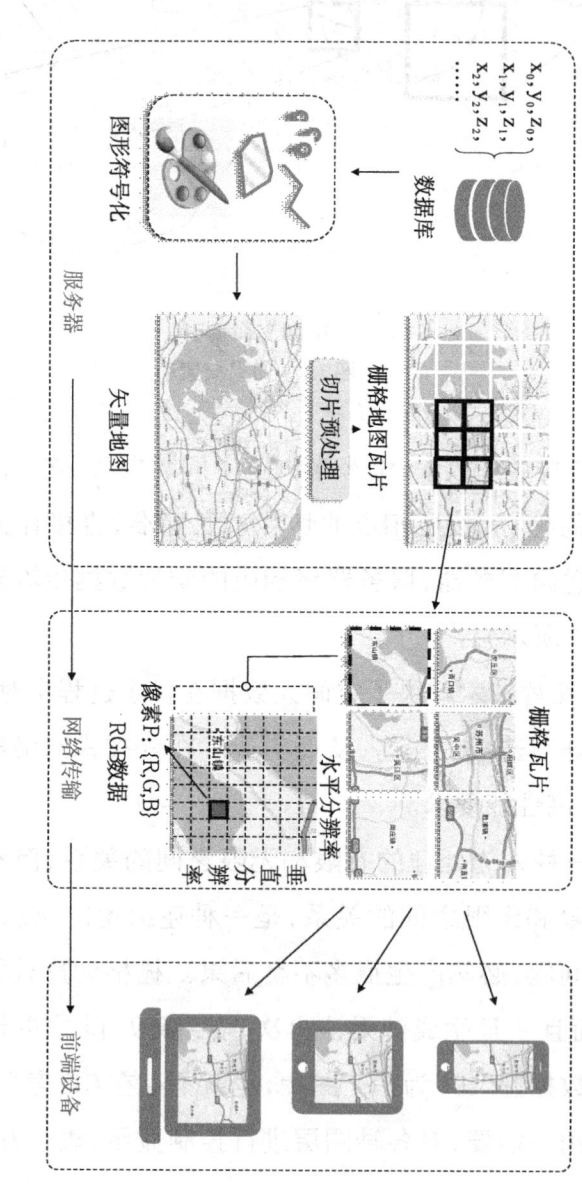

图7.2 栅格切片技术的处理流程

在GIS的发展阶段,电子地图的显示需要能支持专题地图,空间数据在显示的过程中,通常需要根据不同的专题内容来制作不同应用需求的专题图,而栅格瓦片无法对其所包含的空间数据的样式、符号等形式进行个性化的更改,因此,在不同的专题需要下,同一份空间数据往往会生成多份栅格切片数据并存储在服务器端(如图7.3所示)。

由于专题图的种类越来越多,数据量越来越大、数据更新越来越快,数据切片非常耗时,即使采用高性能服务器,每次耗费的时间少则按天,多则按月计算。栅格切片的地图服务已经不能满足地图显示服务的需要,目前矢量切片技术取代了栅格切片技术。矢量切片技术的索引方式与栅格切片技术一样,不同之处在于矢量切片的数据是矢量数据。为了降低矢量切片的数据量,每个切片中的空间数据进行了不同程度的化简处理,同时满足不同层级的显示精度。由客户端计算请求的切片索引发送给服务器,服务器根据切片索引快速找到矢量切片数据并发送至客户端,由客户端根据设定的符号样式对矢量切片数据进行绘制显示(如图7.4所示)。

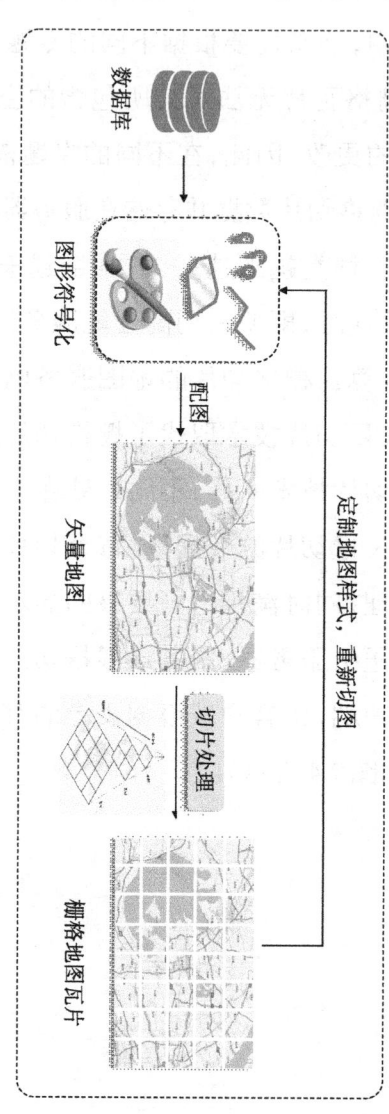

图7.3 不同样式的栅格瓦片处理

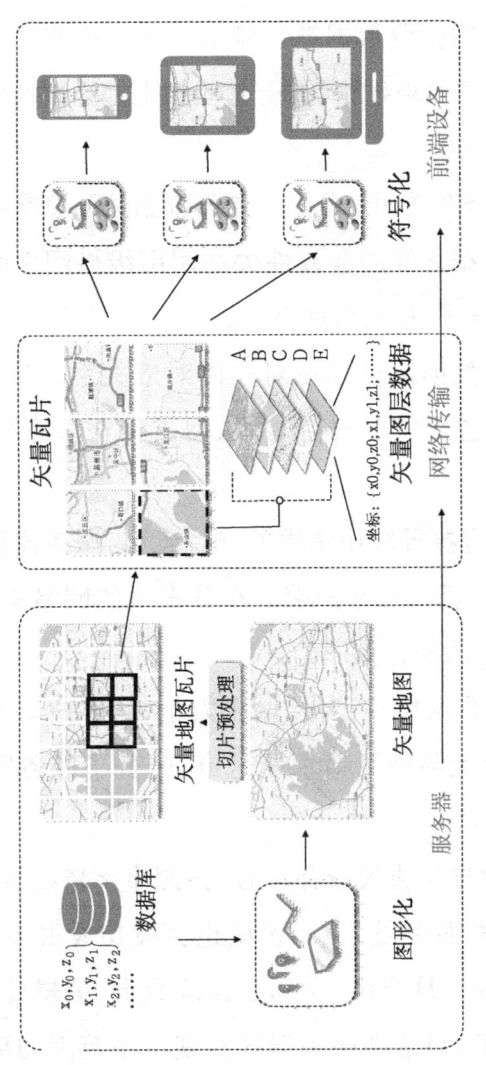

图7.4 矢量切片技术的处理流程

客户端可以直接对矢量切片数据进行动态地个性化显示,显示样式能够与切片数据进行独立存储,使得面向不同的专题图,矢量切片能够快速地切换显示样式,不需要再由服务器对空间数据重新进行切片处理,降低了服务器的存储压力和处理压力。在矢量切片数据之上,也可以叠加不同的行业数据进行显示。比如物流行业的运输车位置点、旅游行业的旅游参观线路、国土行业的土地区划面等。

切片技术的优点有:

(1)利用人为干预的方式,直接将空间数据按照金字塔层级的格网进行分割,将空间数据之间的非线性关系用层级格网之间的线性关系所代替,使得切片的索引方式非常简单。

(2)切片索引与数据形成了一对一的对应关系,使得切片数据能够按照文件的形式进行分布式存储,从而支持在分布式环境下的并发读取。

(3)客户端能够直接计算出请求的切片索引,服务器根据索引能够快速读取切片数据并返回至客户端。在分布式的网络架构环境下,前端计算能够缓解服务器的计算压力。

(4)单个切片的数据量小,对传输压力小,且客户端能够对切片数据进行缓存,从而大大降低了请求发送量,降低了服务器处理请求的压力。

但是由于空间数据生成矢量瓦片时,按照金字塔结构的格网切开,如一条道路会被切成很多段,一个区域也会被切成很多小区域,被存储在不同级别的不同瓦片之中,空间数据的查询、编辑处理、分析计算等客户端都实现不了,只能在服务器端实现。小范围的更新可以使用区域瓦片裁剪,但是对于更新范围大,或者新增、修改一个图层,甚至往往为了修改一条道路,大量的瓦片需要重切,耗时耗力,给服务器造成很大的压力。

随着空间数据的采集精度越来越高,不同区域数据的集中融合,各行业数据的叠加,使得空间大数据呈现出爆炸式地增长,后端逐渐形成了大规模的云端集群来支撑服务,其建设、维护成本将非常高,南京师范大学闾国年教授将其形容为"乌云",并且提出了"朵朵白云"的思想。

在GIS的合作阶段,根据空间位置,对行业数据的管理、分析、处理和显示,几乎涉及GIS的全部功能。客户端显示的行业空间数据往往都和业务相关联,是不能被切断的,而且日常使用会持续产生大量的实时的和历史的矢量数据,在网络环境下对这些矢量数据进行分析、传输、显示等,造成了爆炸式增量的数据量和系统性能之间的矛盾,也造成了功能、性能、成本之间不可调和的矛盾。

目前,数据由空间数据逐渐演变成了时空大数据,其数据量呈现出爆炸式的增长,数据量迅速增长到PB(Petabyte,拍字节)级别。除了需要对当前数据进行动态显示外,还需要对历史数据进行分析显示,而历史数据会随着时间不断地增加,无论是性能还是成本,矢量切片技术都无法满足时空大数据系统的动态地图显示的需求,而时空数据的最重要的价值是分析事物的发展,演化规律,预测事物的发展趋势。

因此,以"物"的角度,即以有形的事物为出发点,研究事物的规律,往往会遇到无法解决的难题,索引不能把数据分开,迫不得已只能将数据切开,这是造成问题的根源,不但是GIS的难题,也是数据库的索引、存储、查询、分析需要解决的难题。那么,能否做到既具备瓦片地图的全部优势,又不用把数据切开呢?也就是索引本身能解决复杂和简单之间的统一,这也是GIS自我阶段要解决的关键问题。

时 空

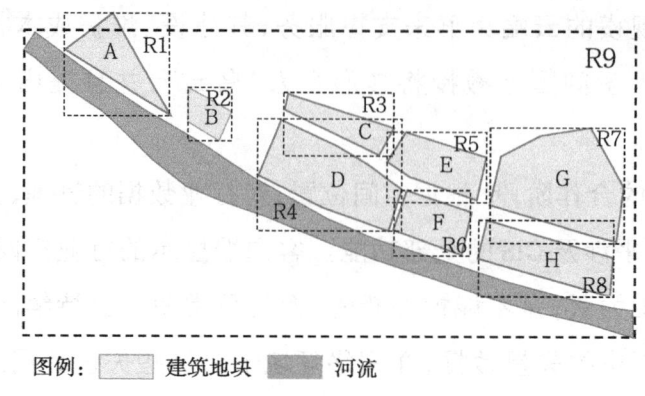

图例： ▢ 建筑地块 ▨ 河流

图7.5 以外包矩形建立索引

以图元的最小外包矩形来建立索引（如图7.5所示），是一种还原论的简化思维，把所有的图元都简化为矩形，虽然简单，但是不能表达图元本身的多样性和复杂性，从而制造了一个更为复杂的问题：本来图元之间不是相交或者包含的空间关系，反而形成了相交或者包含关系，人为的造成了图元之间的空间关系相互纠缠。以此建立的索引，一个图元会出现在多个索引项下，也就不能按照索引项把数据分开进行分布式存储。因此，为了系统的性能，只能用金字塔结构的格网将图元切开进行分布式存储。金字塔结构的格网本身也是一种简化思维，规则的格网和不规则的图元之间一定是矛盾的，根源是以还原论的简化来作为思考问题的出发点。

3. 线性与非线性之间的对立

GIS系统是由相互联系和相互作用的要素构成的统一整体，要素之间的关系包括线性和非线性两种关系，根据现有GIS的理论方法，将非线性的关系简化为线性进行处理，形成线性和非线性的对立，造成了GIS系统长期不能解决技术难题，比如6.4.1章节中"矢量数据自适应化简的问题";造成了系统性能上的瓶颈问题。

GIS系统性能问题往往是由于数据量的爆炸式增加和硬件能力有限之间的矛盾所造成的,制造这个矛盾的根本原因是将本应该是非线性的关系简化为线性的关系进行处理,比如GIS的地图绘制效率和空间数据的数据量之间的问题,由于屏幕的分辨率是有限的,因此视图的像素的总数也是有限的,无限的空间数据在有限的分辨率的视图上显示时,像素与对应的数据产生了非线性的相互作用,是一对多的关系,像素的总数是有限的,实际上能够显示出来的数据也是有限的,只是绘制能够显示出来的数据就不会有性能的瓶颈。但将每个数据单独绘制,地图显示的时间就是所有数据单独绘制的时间的总和,地图绘制的时间和数据量成正比,随着数据量爆炸式的增长,造成了数据显示效率的瓶颈。

4. 宏观与微观之间的对立

宏观与微观是互为对应的概念,地理时空尺度分为客观存在的本征尺度与主观设定的非本征尺度。地理研究对象的微观与宏观,以地理本征时空尺度为基础;地理研究视野的微观与宏观,以地理非本征时空尺度为基础。在GIS里体现为矢量数据所反映的是客观存在的本征的宏观与微观,电子地图的显示、空间分析计算所反映的是主观设定的非本征的宏观与微观。

西方现有的方法论在数据的组织、存储、索引、空间关系的分析计算等方面,一直不能解决客观存在的本征尺度与主观设定的非本征尺度之间的统一的问题。比如地图和矢量数据之间、地图和矢量数据的坐标点之间,甚至是和坐标点的数据位之间的对立统一。地图在不同的比例尺下,需要的矢量数据不同,需要的矢量数据的坐标点,以及坐标点的数据位都是不一样的,西方现有的方法论一直解决不了这些问题。

为了解决海量空间数据对服务器、传输、显示造成的压力,最终不得不采用服务器对空间数据进行预处理,先按照特定的专题样式渲染成一张地图图片,再按照金字塔结构的格网将地图切割成不同层级的栅格图片,对每个层级的切片进行编码,确定切片所具有的唯一索引值。当客户端通过放大、缩小来浏览空间数据时,客户端可以根据当前显示范围的坐标,按照相应的切片索引标准,直接计算出相应的切片索引并发送给服务器,服务器将相应的切片数据传输到客户端进行显示。虽然解决了地图显示时客观存在的本征尺度与主观设定的非本征尺度之间的部分统一,解决了地图显示的性能瓶颈,但是让GIS的其他功能都不能实现了,反而制造了更多的、新的瓶颈问题。

5. 部分与整体之间的对立

西方的方法论是以"物"和"有"为视角的,不能建立起各部分之间全息关联的统一整体的系统的元系统。因此,用西方的方法论建立的GIS系统,部分和部分、部分和整体之间不能全息对应,而是相互对立。地图真正能显示出来的矢量数据和服务器查询出来的矢量数据是不统一的。比如真正能显示处理的矢量数据是1MB,但是查询出来的矢量数据可能是10GB,由于部分之间的相互作用,使得部分之和小于整体,部分之间是一种非线性的关系。由于西方的方法论没有找到解决这类非线性问题的途径,简化为线性的问题,造成读取、传输、显示的性能瓶颈,从而造成系统整体的性能瓶颈。矢量数据的存储、管理、查询检索、传输、显示、空间分析计算都是对立的,相互之间没有统一、没有协同、没有考虑要素或者子系统之间的非线性相互作用,因为没有全息的时空秩序将部分和整体统一起来。

部分和整体的统一,其核心是部分和部分之间、部分和整体之间的合目的性和合规律性的统一,即部分和整体、部分和部分之间的宏观秩序和系统的整体宏观时空秩序是一致的。

为了保证GIS系统的稳定运行,在所有功能上,数据量和系统运行的时间的关系的合目的秩序是"非线性B",而西方方法论所建立起来的GIS系统,在所有功能上,数据量和系统运行的时间的关系都是线性或者"非线性A"。线性加上线性还是线性;"非线性A"加上"非线性A",还是"非线性A"。从秩序的角度讲,部分和整体就是对立的,规律性制约目的性的实现。

7.2 建立地理信息系统的元系统

7.2.1 确定GIS的定义

根据"主体"处理空间数据的需求所产生的地理信息系统的定义,即在计算机硬、软件系统支持下,对整个或部分地球表层(包括大气层)空间中的有关地理分布数据进行采集、储存、管理、查询、运算、分析、显示和描述的信息系统。定义确定GIS的性质是处理空间数据的计算机系统,功能范围包括空间数据的采集、储存、管理、查询、运算、分析、显示和描述。

7.2.2 由GIS的宏观时空秩序生成系统的信息时空秩序

根据系统的目的性,用系统的宏观时空秩序建立相互作用的各要素之间的"信息时空秩序",如果要素也是一个系统,即系统的子系统,那么子系统仍然按照上述的"确定系统的定义、用定义生成系统的宏观时空秩序、用宏观时空秩序生成系统的信息时空秩序"的方法生成子系统的信息时空秩序。

根据定义所确定的范围,建立地理信息系统体系架构。将采集、储存、管理、查询归为空间数据库子系统;把运算、分析归为分析子系统;显示和描述归为显示子系统。

三个子系统是相互作用的,比如,地图显示要和数据库交互;分析要和数据库交互;分析通过地图显示;依据于分析的地图显示;通过显示进行数据库的管理;通过分析进行数据库的管理。三个子系统之间的交互都要符合数和图的宏观秩序,即"非线性B"。按照生成"相对全息元系统"的方法生成三个子系统的"信息时空秩序"(如图7.6所示)。

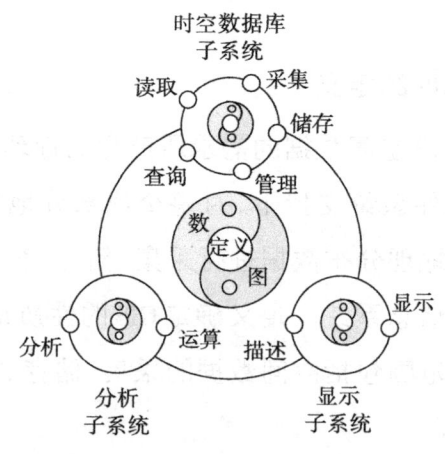

图7.6 GIS系统及其子系统

系统在整个生命周期,会有不同的发展阶段,表现出不同的时空秩序,元系统的"信息时空秩序"中会包含系统的发展方向,发展的关键阶段的时空秩序,以及不同阶段之间时空秩序的演化规则、方法、途径等。元系统的"信息时空秩序"决定了系统的层次性。

7.3 生成地理信息系统

目的性是以规律性为基础的,目的能否实现,取决于人对规律的掌握和认识,在多大程度上掌握和遵循客观事物本身的固有的本质联系。规律性则通过目的性得以展现,规律性归根结底是为实现人的目的提供手段和条件。从理论上相对而言,数据的增加是无限的,而硬件能力的增加是有限的。根据西方的科学,一直解决不了数据量制约系统性能的问题,如果按照西方的方法论,数据量的爆炸式的增加和硬件能力有限这个矛盾永远都解决不了。GIS中的空间数据的存储、管理、查询、读取、传输、显示、编辑、空间关系计算、空间分析等每个功能都存在数据量制约系统性能的瓶颈,西方的方法论所发现的GIS的规律,严重制约GIS目的性的实现。

用螺旋论不但能解决这些国内外的技术难题,而且能够实现功能、性能、成本的统一,即全功能、高性能、低成本。本节重点论述的是系统的稳定性的问题,实现有限和无限之间的统一、简单与复杂的统一、线性和非线性的统一。

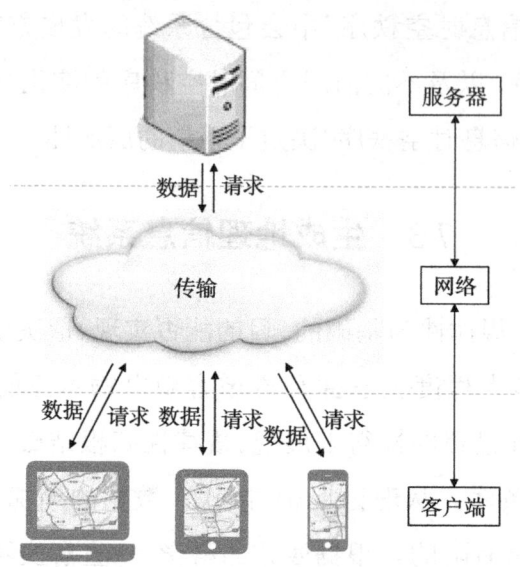

图7.7 网络GIS的结构划分

7.3.1 有限和无限之间的统一

人的一生面临最大的问题是有限与无限之间的问题,如"吾生也有涯,而知也无涯"。有限和无限是一个古老而又常新的话题,几千年来,哲学和自然科学在两条战线上同时进军,试图征服这个古老的问题。有限,比较好理解,因为我们所接触的东西大多数都可以数得清楚,有限的房间,有限的高楼,有限的城市等;无限,就像个无底洞,让我们觉得高深莫测,很难理解,即使像黑格尔那样善于辩证思维的哲学家,也未能真正科学地揭示有限和无限的辩证关系。无限性是一个虚拟的东西,无限性是不能完全被证明或者说被完全实现的。这并不是因为无限性不存在,而只是因为如果无限性一旦完成,得到实现,那它就不再成为无限,而变成有限。

有限和无限之间有着质的区别。无限要通过有限展示出来,宇宙中的万物都是由无数具体有限的事物构成。无限就是内在于有限当中的元素,要辩证地思考有限和无限之间的关系。在《自然辩证法》中,恩格斯指出:"数学把某个确定的数,例如二项式,作无穷级数,即化作某种不定的东西,从人的常识来说,这是荒谬的举动,但是,如果没有无穷级数和二项式定理,那我们能走多远呢?"[47]

我们这里讨论的是整体等于部分总和的有限和无限之间的关系。

1. 整体是有限的,无限存在于有限之中

如果整体是有限的,那么有限就是由无限的部分组成。"一尺之锤,日取其半,万世不竭"。这个句子出自《庄子·天下篇》,是由庄子提出的,说的就是一尺之长的短棍,今天取其一半,明天取其一半的一半,后天再取其一半的一半的一半,如是"日取其半",就会发现这仅仅一尺之长的短棍竟然取不尽,总有一半留下,所以"万世不竭"。一尺之长的短棍本是一个有限的物体,但它却可以无限地分割下去。这里所讲的有限和无限其实是统一的,无限存在于有限之中。这个只在逻辑推理上成立,如果结合实际就会出现悖论。

约公元前465年,埃利亚的芝诺著述了几个与无穷概念相关的悖论,导致了科学界的理论危机。比如悖论之一:运动是不存在的:在跑完某一段距离的全程之前,竞赛者首先必须跑完这段距离的一半;在跑完全程的一半之前,又必须跑完一半的一半,即全程的1/4;在跑完全程的1/4之前,又得跑完全程的1/8……如此递推,以至无穷,故运动不可能。如果用数学来表述,就是如下的公式:

$1 = 1/2 + 1/4 + 1/8 + \cdots + 1/2^n$;

$1 = (1-1/2) + (1/2-1/4) + (1/4-1/8) + \cdots + (1/(2^{n-1}) - 1/2^n)$

$1 = 1 - 1/2^n$

单向延伸,有限和无限是对立的,所谓的无限是逻辑上的,有限的值是不能真正的由无限的有限值累加达到的,这里涉及数学中与无穷概念相关的最小的数量形式是什么、有多大、该如何处理它们？这里无限的前提是运动的速度可以无限的递减,造成移动的距离无限递减,以至于趋近于停止,一旦速度的最小尺度确定了,这个无限就不存在,就成了有限。也就是说部分之和等于整体的线性情况下,有限由无限构成的前提是构成有限的微观尺度可以无限小,一旦微观尺度确定了,那么无限就转化为有限了,有限能够成立的情况下,无限就不成立了。因此在部分之和等于整体的线性情况下,有限和无限之间的关系是尺度的问题。需要确定尺度,有限才能成立,而确定了尺度,原有的无限就不成立了,但这个确定了的有限的尺度中仍然包含着无限。

2. 整体是无限的,无限由有限构成

如果整体是无限,那么整体就是有限的无限次累加,例如,用以计量事物的件数或表示事物次序的自然数,即用数码0,1,2,3,4,…所表示的数。表示物体个数的数叫自然数,自然数由0开始,一个接一个,组成一个无穷的集和。1,2,3,4,…这些数都是组成自然数的成分,但是我们众所周知的是只有一个1,只有一个2,只有一个3……,也可以说无限是由有限数组成的。但是这里的无限成立的前提是宏观的尺度是无限的,一旦宏观的尺度确定了,无限就变成了有限了,但这个无限的整体中包含了无限个确定了的宏观尺度。

如果部分之和等于整体,有限和无限统一于尺度,如果整体是无限的,那么也就是宏观尺度的无限,如果整体是有限的,那么微观的尺度是无限的。设定一个尺度,让无限变成了有限,同时这个有限的尺度本身也包含着无限。

以有限的视角研究无限的问题,其结果往往是有限的;以无限的视角研究无限的问题,其结果往往也是无限的。在GIS元系统的"数和图的处理规则和途径"中,处理空间数据,有3种途径,而传统方法都是以空间数据本身为视角进行数据处理,如果空间数据是无限的,处理后往往也是无限的,要解决无限和有限之间的问题,首先要找到有限的视角来处理无限的问题,对元系统中另外两个和图结合的处理途径进行分析发现,处理途径包含了有限的视角。从视图的角度来看,在视图窗口的分辨率确定的情况下,无论多海量、多精细的空间数据,用于视图窗口显示所需要的最大有效空间数据是恒定的,就是用于填充完视图窗口的全部像素所需的空间数据,因为视图窗口能显示的像素总数是有限的,无论空间数据的量有多大,我们能够看到的像素是确定的,先绘制的空间数据如果被后绘制的空间数据压盖,则相当于后绘制的空间数据遮挡了先绘制的空间数据,如果是完全遮挡,从视图显示的角度来看被完全遮挡的空间数据是不需要读取、传输或者在视图窗口上绘制的。

如果以数据为视角,每个数据单独绘制,地图显示的时间就是所有数据单独绘制的时间的总和,地图绘制的时间和数据量成正比,随着数据量爆炸式的增长,造成了数据显示效率的瓶颈,而且按照这个思路,这个数据量和显示性能之间的矛盾永远无法解决。如果以视图的像素为视角,视图像素的总数是有限的,实际上能够显示出来的数据也是有限的。由上述分析可知,一个系统中的有限和无限是统一的,一个事物,某个视角下是有限的,但另外一个视角下却是无限的。

上述有限的视角,就是有限的尺度,在像素的尺度下,像素与对应的数据产生了非线性的相互作用,是1对多的关系,让无限变成了有限。因此,空间数据的本征尺度也要融合主观设定的非本征尺度,也就是说空间数据最小的单元坐标点的数据位也是符合数图模型,也是由GIS元系统生成的。GIS的元系统"图的处理规则和途径"也有3种途径,地图的显示、图元(点、线、面等图形)的选择、编辑、更新,地图显示的空间分析,如地图标注的遮挡计算和避让显示等,可以在空间数据的角度来解决。因此,很多西方方法论建立的GIS系统中解决不了的问题,在用全息的螺旋论建立的GIS系统中,都成为不需要解决的问题。

7.3.2 简单与复杂的统一

简单与复杂之间的关系是辩证的,相对的。线性的方法通常是简单的,但是线性方法所呈现的秩序可能让问题本身其他方面或者相关问题的解决变得更加复杂,甚至矛盾永远无法解决。比如GIS的地图显示,如果以数据为视角,每个数据单独绘制,地图显示的时间就是所有数据单独绘制的时间的总和,方法虽然简单,但是地图绘制的时间和数据量成正比。随着数据量爆炸式的增长,造成了数据显示效率的瓶颈,而且按照这个思路,这个数据量和显示性能之间的矛盾永远无法解决,简单的方法带来了无法解决爆炸式增长的数据量和硬件性能相对增长缓慢的矛盾。非线性的方法往往是复杂的,但是非线性的秩序往往恰恰是我们所需要的。比如以视图的像素为视角,由于屏幕的分辨率是有限的,因此视图的像素的总数也是有限的,无限的空间数据在有限的分辨率的视图上显示时,一定产生非线性的相互作用,虽然非线性的问题是复杂的,但是非线性的相互作用使得无限的问题变成了一个有限的问题,这是系统稳定运行的基础,即是合目的性。

简单与复杂的统一,也是合规律性和合目的性的统一,合目的性的秩序,往往都是非线性的秩序,都是复杂的,但是找到线性的规律来实现非线性的秩序,这就是简单和复杂的统一。对于一个复杂的问题,如果以这个问题的复杂本身为视角去解决,除了把复杂问题简化为简单的问题之外,很难找到简单的方法,这就是为什么在西方的系统论提出将近100年以来,科学研究中,还原论仍然占据支配地位,至今未有重大改观。非线性方法复杂到有些问题找不到解决非线性的方法,而且有些复杂问题也不能简化为线性问题。还原论的方法是将复杂的非线性问题简化为线性的简单问题,虽然对于早期的科学发展贡献巨大,但问题也十分突出。

螺旋论的思想是:每一种方法论都有它适合的时空环境,而系统的不同的时空秩序都是元系统的投影,是元系统投影下的多个相,即一物多相是元系统不同的投影,也是系统的不同侧面,观察事物的不同角度。针对某个相,不但可以用适合该相所对应的方法论,而且某个相下要解决的问题,也可以转换到另一个相下得到更好的解决,因为不同的相本质上是统一的。这意味着,两个表面上看来非常不同的理论是完全等效的。一个系统中实现某个子系统的功能,不能固定在某个"相"上,也不能固定在某个"相"所对应的方法论上去找解决方法,比如找到还原论和系统论中的等效的方法。

如果通过元系统的多个投影的"一物多相"的原理,这个相下解决不了的问题,转换到另一相下得到更好的解决,这个相下非线性的问题在另外一个相下找到等效的线性解决方法。下面举的例子,是一个非线性的问题,而且一直没有找到非线性的解决方法,用还原论的线性方法进行等效的解决。如果把变量称为维,一个变量为一个维度,N

个变量为 N 个维度。那么将复杂问题转化为简单问题的关键是解决问题的维度数的多少,如果是 0 维则变成了不需要解决的问题:①降低维度,在系统的某个视角下,维度降低,最简单的线性问题,就是一个变量只和另外相关联的一个变量相关。②提高维度,就是再引入一个新的变量,在这个维度下,非线性的问题转化为了线性问题。因此,很多问题之所以成为解决不了的难题,往往是因为"着相",而螺旋论就是通过元系统来以不"着相"的思维来思考和解决问题。一个复杂与简单的统一的极致是 0 维,就是转化为不需要解决的问题,比如解决 GIS 空间数据化简保持空间关系正确显示的问题,转化为化简方法自动保持空间关系,转化为不需要为了保持空间关系而进行额外的工作。

7.3.3 线性与非线性的统一

系统是由相互联系和相互作用的要素构成的统一整体,要素之间的关系,即线性关系和非线性关系,其实也反映了有限和无限之间的关系,直接决定了系统的整体性、有序性和内部结构的优化趋向。

我们以 GIS 的地图显示上的标注避让为例,分析如何用降低维度的方法将非线性问题转化为线性的解决方法。然后再将线性的解决方法,转化为最大计算量和空间数据量无关的非线性秩序的线性解决方法,解决了计算量随着数据量的无限增长的问题。我们用螺旋论思维的降维的方法,将高维投影到低维进行等效解决,降低解决问题的难度,提高解决问题的效率。

电子地图除了对图形数据进行绘制显示以外,还包含了大量的文字标注。文字标注是对电子地图的一种信息补充,尤其是对要素图形进行介绍性的描述。每个标注都有一个与其对应的图形数据，比如在图上标注某学校的名称，先根据学校点的点坐标确定标注的初始显示位置，然后根据显示规则、文字样式和内容进行标注的绘制，如图7.8左图所示。然而，由于文字标注是具有一定区域范围的文字填充图案，在对多个聚集在小范围内的要素进行标注时，文字标注之间经常会出现相互遮盖以及遮盖相邻要素的问题。如图7.8右图所示，标注"学校A"在空间上与标注"学校C"和"学校D"存在相互遮盖的情况，且学校C的点要素也在标注"学校A"的范围内。

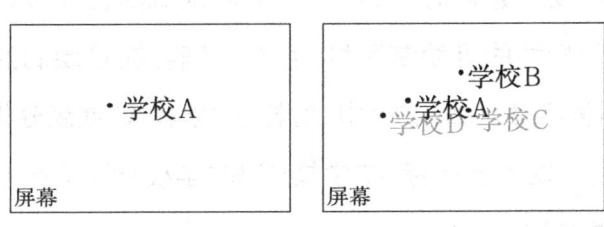

图7.8　文字标注

电子地图要求遵循清晰、易读、美观、信息丰富和高效的原则，因而各个标注之间不能有压盖，标注不能压盖点要素，并且尽量避开线要素等。因此，对文字标注的绘制需要很好地解决点、线、面等要素的标注冲突检测与避让。标注位置的放置规则是预先设置的，最常用的一种是以标注要素为中心，以距离为标准，将周边均匀分为8个区域作为可放置区域，该区域的划分是固定的8个方位，如图7.9中所示。标注的锚点包括标注矩形范围的4个角点和4条边的中点。每个放置区域或位置都具有优先级规则，优先级高的优先放置。如图7.9中数字越小，优先级越高。

时 空

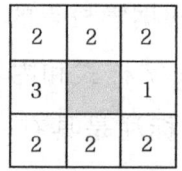

图7.9 标注显示优先级

常规处理标注避让的方式是根据各标注的显示范围内的所有要素进行两两判断,按优先级决定标注最终被绘制的区域,即判断标注当前绘制的区域发生遮盖时,根据标注绘制区域的优先级,继续分析查找当前处理的标注的可绘制区域,直至周围存在可绘制区,该标注才被绘制,否则被隐藏。如图7.8中,对标注"学校A"继续分析查找,可确定如图7.10所示既不遮盖标注"学校C"和"学校D",又不遮盖学校C的点要素的标注区域。

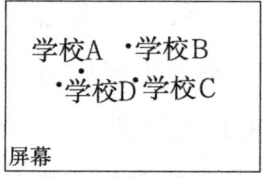

图7.10 避让后的文字标注

然而,这样的判断需要多次读取要素坐标和要素属性进行计算,效率较低。随着标注个数的增加,分析判断的次数将是指数级的急剧增长。标注避让分析时间和要素的个数、数据量是一个非线性的关系,而且随着避让规则复杂度的增加,算法的难度和计算量急剧增加。因此,降低所处理问题的维度,将非线性问题转化为等效的线性问题是解决这一问题的方法(如图7.11所示)。

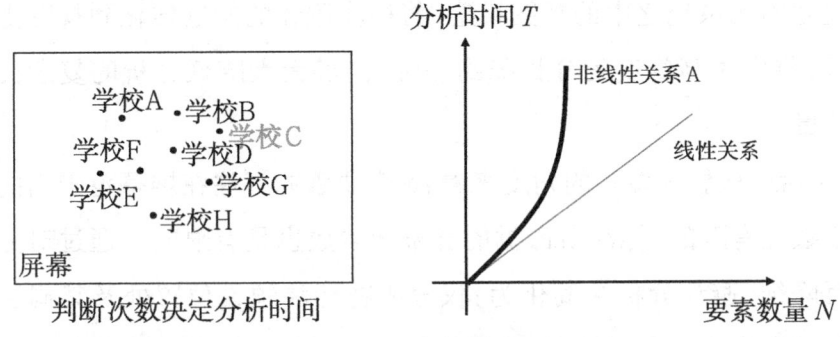

图7.11　要素个数与标注分析计算时间的关系图

我们现在用螺旋论来分析这个问题。建立的地理信息系统的元系统中,数和图的处理规则和途径有3种。第一种是直接以空间数据为视角进行处理。上述的方法就是以标注和要素为视角进行分析的,但是这些标注最终都要显示在地图上,而显示地图的视图窗口上的每个像素只能显示一个数据,因此我们用第三种方法:用图的视角和方法去分析处理空间数据,空间数据需要处理的问题,可以在图上探索更好的、等效的解决方法。而从图的角度分析可知,图显示在屏幕上,屏幕是由像素组成的,而标注最终显示在屏幕上,每个标注都占用了一定的像素,标注之间的遮盖就对应了像素上的重叠,而每个像素只能显示一个值,该值对应了唯一的一个标注。因此,将标注之间的分析直接降维到对标注所对应的像素的分析,而且每个标注所能覆盖的像素的范围是固定的,和多少要素,多少数据没有关系。每个标注的避让问题,都是单独对像素的分析,是一个线性的分析方法。又因为屏

时空

幕总的像素数是固定的,总的地图能显示的标注的个数也是有限的,因此总的计算量也是有限的。在解决标注避让的问题时,对处理规则和途径的视角进行转换,用图的视角和方法去分析、处理标注避让,通过建立的元系统之中的视图模型,将标注避让的问题转化到视图上去处理,将原先高维度的分析降到一维,能够大大降低分析的复杂性和计算量。

因而,从显示像素的角度来看,N个要素的标注在屏幕范围内的显示个数是有限的,标注所占据的屏幕像素数也是有限的。通过对分析进行降维,避让分析被简化为:仅分析在标注预设位置处及其周边有限范围内的像素占用情况,像素个数是有限的。当预设位置处的像素被其他标注占用时,分析周边有限范围内可用的像素区域,判断流程如图7.12所示[48-49]。

7 螺旋论在地理信息系统上的应用

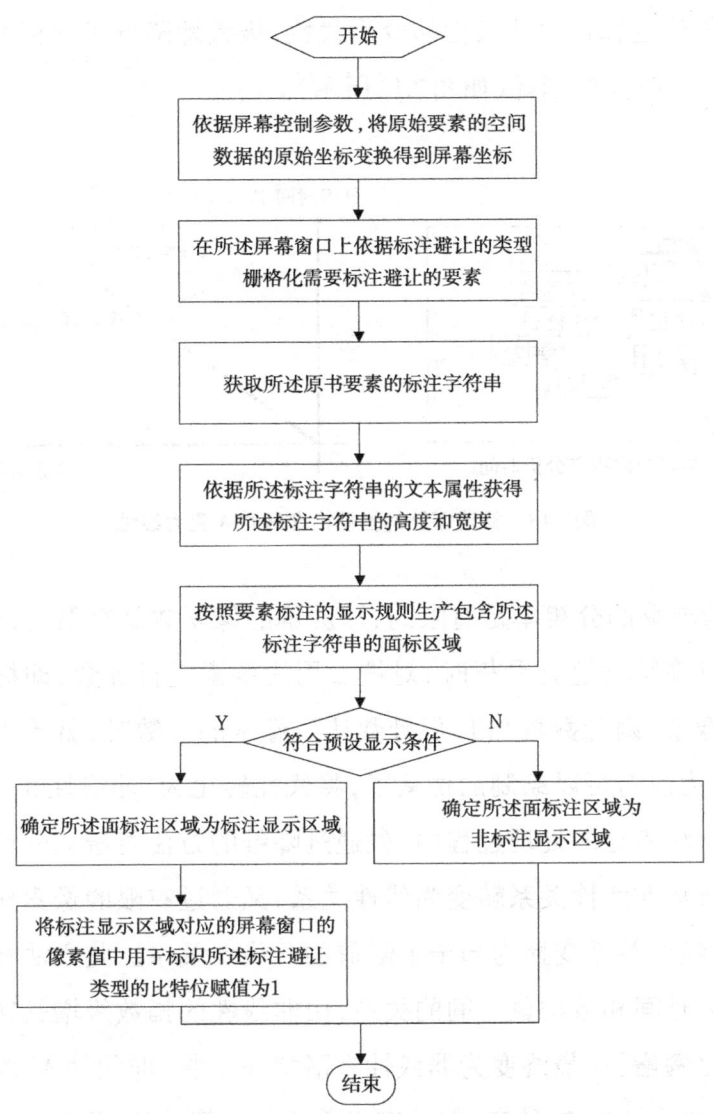

图7.12 标注避让判断的流程图

因此,单个标注的避让分析次数与像素数呈线性关系,与要素个数无关,其分析的时间复杂度为O(N)。通过降维分析的方法,标注避让分析的整体运算量由非线性转变为线性,极大地降低了分析过程中对硬件资源和时间的消耗(如图7.13所示)。

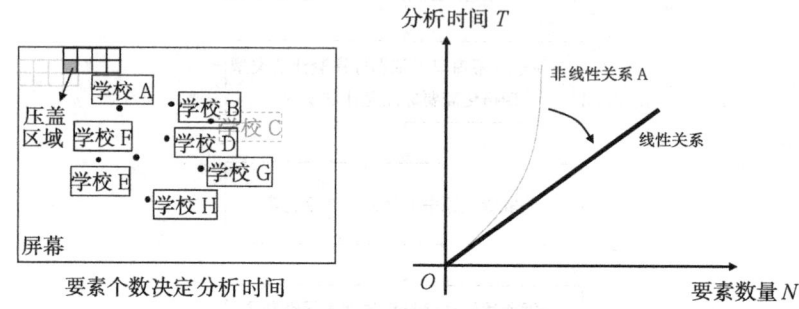

图7.13 标注避让的性能由非线性A变为线性

因为屏幕的分辨率是有限的,即屏幕的像素数是有限的,确定的,因此可以在标注避让分析时,对被占用的像素进行计数,即标注每占用一个像素,则计数增加1,但计数达到像素的总数时,就不需要再判断了,因为没有可以绘制的像素了,将线性转化为"非线性B"。因此,在整个标注避让的处理过程中,先通过降维的方法将避让分析次数与标注个数从非线性关系转变为线性关系,又通过有限的像素作为约束条件,将线性关系变换为趋于上限值的非线性关系。此方法将标注避让的计算时间和数据量之间的关系,由非线性的指数级增长转化为线性的同比例增长,最终变为非线性有限增长。将"非线性A"的秩序转化为了"非线性B"的秩序,但是实现方法却是简单的"线性"(如图7.14所示)。

7 螺旋论在地理信息系统上的应用

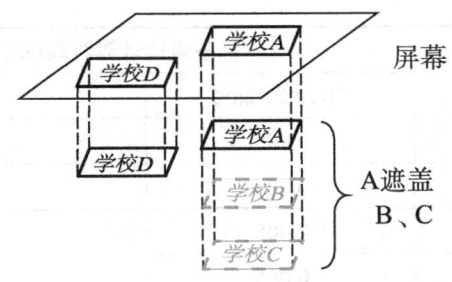

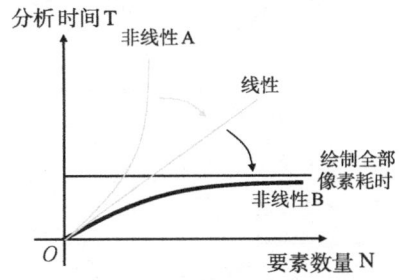

图7.14 标注避让的性能由线性变为"非线性B"

运用降低维度和无限到有限的方法对标注避让进行加速,经过专业机构的测试,系统的响应时间稳定在0.005秒,与数据量无关,而ArcGIS软件在数据量超过50万时无法响应,如表7.1、图7.15所示。

表7.1 加速标注避让分析的性能测试各数据量下的性能情况

要素个数 (单位:个)	标签避让计算时间(单位:秒)	
	SuperEngine	ArcGIS
3万	0.003	52
6万	0.004	305
15万	0.005	3274
50万	0.005	超过14400秒(4小时) 时间过长测试无法继续

217

续表

要素个数 (单位:个)	标签避让计算时间(单位:秒)	
	SuperEngine	ArcGIS
100万	0.005	—
150万	0.005	—
200万	0.005	—
250万	0.005	—
300万	0.005	—

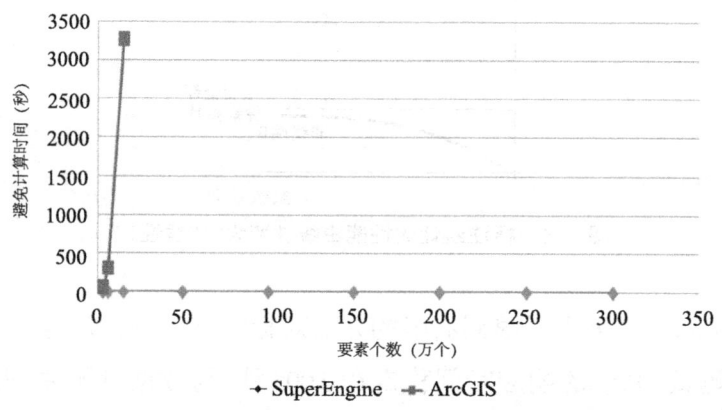

图7.15 加速标注避让分析的性能测试
（标注避让计算时间对比曲线）

7.3.4 部分和整体的统一

部分和整体的统一，其核心是部分和部分之间、部分和整体之间的合目的性和合规律性的统一，即部分和整体、部分和部分之间的宏观秩序和系统的整体宏观时空秩序是一致的。用螺旋论建立的GIS系统，首先，在系统生成上，无论是部分还是整体，都是由GIS元系统生成的，部分和整体统一于GIS元系统。其次，在系统整体的目的秩序和系统的部分秩序上,在 GIS 元系统中数和图的宏观秩序是合目的性秩序和合规律性秩序的统一,然后用系统的宏观秩序生成了 GIS 元系统的信息时空秩序,用 GIS 元系统生成了 GIS 的所有单元。因此,从秩序的角度来看,部分和整体就是统一的。

7.3.5 宏观与微观的统一

宏观与微观统一的关键是客体的尺度和主体设定的尺度的统一,就是客体在最小的尺度下也能对应主观的所有尺度,主观尺度反映的是目的性,客观尺度反映的是规律性,即合目的性和合规律性的统一。

用螺旋论建立的 GIS 系统,首先,在系统生成上,无论是微观还是宏观,都是由 GIS 元系统生成的,宏观和微观统一于 GIS 元系统。其次,在本征尺度和非本征尺度上,GIS 元系统中的数和图,空间数据反映的是客观存在的本征尺度,地图反映的是主观设定的非本征尺度,如电子地图的缩放浏览。GIS 元系统中数和图之间的宏观秩序就是本征尺度和非本征尺度的统一,以 GIS 元系统数和图之间的宏观秩序为基础,生成了 GIS 系统的信息时空秩序,就实现了 GIS 所有要素、要素之间相互作用的宏观与微观的统一,比如宏观与微观的协同运算。

实现 GIS 中分布式的空间运算,主要是针对客户端经过化简、压缩后的矢量数据和服务器端完整的矢量数据之间如何进行共同的空间关系计算,减轻服务器端的压力,利用客户端的资源,进行负载平衡,提升整个系统的性能。为了叙述的方便,将对所要计算空间关系的矢量数据称之为原始矢量数据,所述原始矢量数据经过化简、压缩后的矢量数据称之为低分辨率矢量数据。

(1)对所要计算空间关系的原始矢量数据所对应的低分辨率矢量

数据进行空间关系计算,确定原始矢量数据之间肯定具有某种空间关系、肯定不具有某种空间关系、可能具有某种空间关系。

因为客户端往往没有全部的矢量数据,而且客户端已有的矢量数据同服务器端所对应的矢量数据相比,也是精度比较低,或者矢量数据是被化简后的数据,还没有包含全部的坐标点,因此客户端的数据是服务器端依据矢量数据显示时的多分辨率特性经过化简和压缩后传输给客户端的,可以在客户端对所述低分辨率矢量数据判断并确定原始矢量数据之间肯定具有某种空间关系、肯定不具有某种空间关系、可能具有某种空间关系,如果通过低分辨率矢量数据能够判断出所对应的原始矢量数据之间肯定具有某种空间关系、肯定不具有某种空间关系,空间关系计算结束。

(2)对可能具有某种空间关系的矢量数据,使用原始矢量数据进行分析是否具有某种空间关系。

可以将可能具有某种空间关系的原始矢量数据取到客户端进行空间关系计算,也可以让服务器端来进行空间关系计算。

7.3.6 螺旋论促进目的性的发展

所谓从"无"的角度,就是以事物的全生命周期的起点出发,即从系统的定义作为思维的起点,通过螺旋论以系统的元系统来研究系统发展变化的内在的根据和本质联系,将需要解决的复杂问题的维度降到1维,甚至是0维,彻底解决制约系统性能的技术瓶颈,适合于事物的任何阶段的发展变化,促进需求的发展。对于GIS的元系统,为了保证GIS系统的稳定运行,从宏观秩序上,要求数据和地图之间是一种无限到有限的非线性关系,即数据量基本不影响系统的性能。实现GIS系统的所有功能都在 GIS 元系统的宏观秩序的约束下,以 GIS 元系统的信息时空秩序来具体实现。

比如地图显示,包括的功能有:查询、读取、传输、绘制。

GIS 元系统的"数和图的处理规则和途径"从地图的角度来看,地图显示在电子屏幕的像素上,而电子屏幕的分辨率是固定的,能看到的像素的个数是有限的,而每个像素在某一时刻只能显示一个数据,也就是说地图上能显示出来的矢量空间数据的最大值是不变的,和矢量数据无限无关,只和屏幕分辨率有关。

(1)绘制,只将能最终被看到的数据进行绘制,解决了显示效率同数据量之间的矛盾。

(2)传输,只将这些数据通过网络传输到前端,解决了网络带宽同数据量之间的矛盾。

(3)读取,只读这些数据,并且这些数据集中在一个文件中存储,解决了磁盘读取的压力。

(4)查询,只读这些数据的关键是索引只查出了这些数据,而且是请求数据的客户端自己根据索引进行查询检索,数据在服务器端根据索引的索引项进行分布式存储,客户端通过索引就可以检索出所要读取的数据文件中的数据块,对服务器没有数据查询的压力。而且索引的数据量要足够小,并且不能随着数据量的增长而成比例的增长,否则到了一定的数据量,索引的网络传输就是瓶颈。

所有的问题统一为索引的问题,只要把索引的问题解决了其他的瓶颈问题就可以迎刃而解,而上述索引所要解决的问题是要有切片索引的所有优点,但是能将数据根据空间关系分开进行分布式存储,而不是将数据切开后分布式存储。**SuperEngine**通过螺旋论解决了索引的所有问题,索引实现了简单和复杂的统一,即以简单的索引关系来实现任意复杂的空间数据的组织、管理、查询和分析。由于索引技术过于专业,通过螺旋论实现索引的方法将放到笔者的下一部著作《数图论》中进行详细论述,这里只讲螺旋论所能解决索引的问题和达到的效果。

(1)解决了现有索引"微观不够微观"的问题,实现了索引的复杂和简单的统一

SuperEngine 的索引通过空间数据的坐标点来构建,解决了通过空间数据的外包矩形来构建索引,本来图元之间不是相交或者包含的空间关系,变得相交或者包含了,人为的造成了图元之间的空间关系的相互纠缠。用图元本身的坐标点来建立索引,就是依据其本身的特性来构建索引。

索引作为架构本身是简单的,线性的,但是索引不是将事物简化,即虽然索引本身是简单的,但是能表达事物的多样性、复杂性。这样索引可以把数据根据索引项进行分布式存储,可以支持分布式数据库存储管理和分布式文件存储管理,让 GIS 的索引成为 DT 中的 IT,也可以扩展为将万事万物进行统一的组织、管理的时空索引,将时空作为架构,成为大数据的神经。

(2)解决了现有索引的索引数据量大、效率低的问题

以矢量数据的坐标点来生成空间数据的索引参数,表达空间数据之间的空间关系,空间数据的数据量越大,可共用的索引参数就越多。因此,相比于用空间数据的外包矩形来建索引而言,索引的数据量要小 2 个数量级以上。而且索引也可以分布式渐进传输,显示地图的屏幕的分辨率是有限的,能显示出的空间数据的坐标点的

个数也是有限的,而依据空间数据坐标点建立的索引也是有限的,索引可以直接传到客户端,在请求数据时,直接在客户端检索出所需要的数据。

表7.2是空间数据入库的性能对比,数据拷贝的时间都是一样的,性能差异是由建索引的效率造成的。

表7.2 空间数据入库的时间对比

测试数据	要素个数(个)	节点数(个)	SuperEngine导入时间	ArcGIS导入时间
点(poi_300W)	3000048	3000048	126秒	2250秒
线(line_100W)	100045	11427786	125秒	865秒
面(成片房屋)	377053	2278429	36秒	330秒
线(US_Road)	19655630	353191927	65分	270分

(3)解决了现有索引"宏观不够宏观"的问题

SuperEngine的索引解决了现有技术按照数据集来分别构建索引后,不能动态地将任意多个数据集的索引无缝融合的问题。SuperEngine的索引不但能在客户端和服务器之间协同分析一个图层,或者多个图层的图元之间的空间关系,包括不同比例尺下的空间聚合关系,让空间查询(包括框选、圈选、多边形选择等)、地图要素的注记避让、时空数据热力图分析、趋势分析等效率提高3个数量级以上,而且数据量越大优势越明显。

如在移动端限速2048KB/s进行压力测试,SuperEngine显示地图的时间仅为1.101241秒(如表7.3所示),而同等条件下,ArcGIS软件在客户端超过15小时地图都没有完整地显示出来。

时 空

表7.3 地图响应时间测试

数据名称	要素个数	节点个数	请求时间(秒)	绘制时间(秒)	响应时间(秒)
US_Road	19655630	353191927	0.988833	0.112408	1.101241

表7.4是空间数据的空间查询的性能对比测试。

表7.4 空间查询的性能对比

测试数据	要素个数(个)	节点数(个)	选择类型	SuperEngine 选择全图(秒)	ArcGIS 选择全图(秒)
点(poi_300W)	3000048	3000048	框选	1.078	1755
			圈选	1.088	1626
			多边形选	0.629	1393
线(line_100W)	100045	11427786	框选	0.291	460
			圈选	0.302	522
			多边形选	0.199	430
线(US_Road)	19655630	353191927	框选	0.402	开图时间响应过长,测试无法进行
			圈选	0.404	—
			多边形选	0.261	—

SuperEngine实现了无论是地图显示,还是空间关系计算、空间分析,都是云和端一体的协同全网分布式协同运算。系统性地解决了在互联网(特别是移动互联网)环境下,GIS乃至时空信息系统的数据存

224

储、更新、管理、检索、读取、空间关系计算、分析中的性能瓶颈。规律性能促进目的性的发展,就要解决系统在功能、性能、成本之间的矛盾,要达到全功能、高性能、低成本、低能耗。

8 螺旋论在经营上的应用

"经营"是一个被反复提及的常用词语,虽然对于经营的理解差异很大,但基本上都含有筹划、谋划、计划、规划、组织、治理、管理等含义。"经营"在《现代汉语词典》中的解释:①筹划并管理(企业等):经营商业;苦心经营;②泛指计划和组织:这个展览会是煞费经营的。

对于经营的理解,特别是对于企业经营的理解,离不开对经济和管理的理解。经营和管理相比,经营侧重指动态性谋划发展的内涵,而管理侧重指使其正常合理地运转。

对于经营和经济之间的关系,在陈春花《经营的本质》一书中写道:"多年前在看一个文学家写的随笔时,读到这样一段话——如果学习经济学,一定会是满含眼泪,因为这是一门悲哀的学问……我明白为什么经济学如此的悲哀,因为'经济'就是用有限的资源,去满足人们无限的需求,这是一个经济学本身根本无法完成的任务。经营与经济最大的差异在于,经营是用有限的资源,创造一个尽可能大的附加价值,再用附加价值来满足人们的需求。换个角度看,就是经营较之经济,会创造更大的价值,而两者所使用的资源是一样的。"

经营的内容不但包括对物质资料的经营,让人类获得更多的物质利益、并使物质的量得到扩大、质得到提高,也包括对人类本身的经营,这种经营活动主要是对人的意识、行为、利益进行调节,其目的是使人的意识、行为规范化,平衡人们之间的利益冲突,保持社会稳定,维持社会公正。

经营本身涉及的是一个由许多系统在时空域上交叉连接形成的复杂大系统。事物之间有许多直接或者间接的信息联系,因此简单与复杂的统一更为重要,但是这些系统,包括所有和人相关的活动,甚至是所有事物的发展变化,都可以统一为需求。只不过人的需求是最复杂的,涵盖范围最广的需求。

经营的内容不同,经营的要素就有所不同,所构建的经营系统就会不同,但其本质上是相同的,都是用有限的资源,创造一个尽可能大的附加价值,再用附加价值来满足人们无限的需求。

需求本身就是一个抽象的系统,也就是通过螺旋论以人的需求所建立的"需求元系统",而经营的目的是满足需求,因此,由"需求元系统"来生成企业经营元系统,推动、统一各相关系统各部分的生成、发展、演化。

苏州超擎图形软件科技发展有限公司(以下简称"超擎")就是用螺旋论来生成企业的经营系统,在具体的经营实践中通过规律性和目的性的统一来创造价值。企业的目的是通过人和人之间的协作,用有限的资源来创造更大的价值,满足人的需求。企业的运营包括经营和管理两个主要的方面,经营以对外为主,研究市场和客户,并为目标客户提供有针对性的产品和服务,经营追求的是效益,它的宏观秩序是图8.1"非线性A";管理以对内为主,对内部资源进行整合,控制成本,提高效率,建立稳定的运行秩序,它的宏观秩序是图8.1"非线性B"。经营与管理是相互依赖,密不可分的,如同太极中的阴阳,共生共存,对立统一。管理是为经营服务的,管理要能促进经营,经营的进步又促进管理的提高,管理和经营如影随形。而经营的方法追求的是简单,有利于执行,因此方法上追求的是线性,但在管理上实现图8.1"非线性B"的秩序,在经营上实现图8.1"非线性A"的秩序,这也是螺旋论所建立的系统的目标。

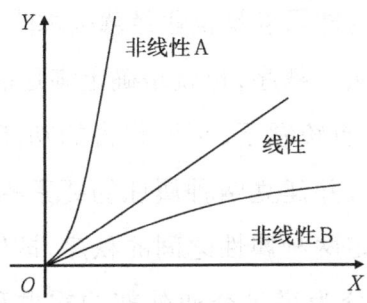

图8.1　线性与简化的非线性的关系

8.1　生成企业经营元系统

8.1.1　确定企业经营的定义

企业经营是指企业经营者以企业为载体或经济组织,为实现企业的目标,以市场为对象,以商品生产、交换、销售为手段,为了获得最大的利益而运用经济权力,使企业生产技术、经济活动与外部环境达成动态平衡的一系列有组织活动的总称。

企业经营主要包括商业定位、企业战略、业务、产品等方面。企业经营的目的,是通过创造价值满足人们的需求来获取收益,从而满足企业的需求。需求本身就是一个系统,就是用螺旋论建立的"需求元系统"。螺旋论的核心是合规律性和合目的性的统一,用最少的物质消耗创造出尽可能多的价值,则是企业经营的合规律性与合目的性的统一。

8.1.2 生成企业经营的宏观时空秩序

1. 确定企业经营的对立统一

企业外部需求和内部需求是企业经营根本的、宏观上的对立统一。

确定企业经营的宏观秩序,也就是确定满足需求的宏观秩序,在需求的定义所确定的性质统领下,把所包含的功能范围划分为对立、互化和统一的两种属性,并建立两种属性的要素相互作用、相互转化的规则、方法、途径,确定两种属性之间的秩序,即"一生二"。企业经营所满足的需求,可以分为满足企业外部的需求和满足企业内部的需求,企业通过满足外部的需求才能实现满足内部需求。因此,企业满足外部需求是手段,满足内部需求是目的。

2. 企业外部需求和内部需求相互作用、相互转化的方法

满足企业外部需求是企业经营的手段,满足企业内部需求是企业经营的目的。企业经营的手段和目的的相互作用和转化,是通过合作来实现的,合作的模式包括以下四种:

(1)甲方的手段和乙方的手段合作

甲方的目的和乙方的目的不在一个时空上,甲乙双方都希望通过和对方的合作来间接实现自己的目的,但是因为企业的经营手段是不稳定的,容易变化的,因此这种合作是不稳定的(如图8.2所示)。

8 螺旋论在经营上的应用

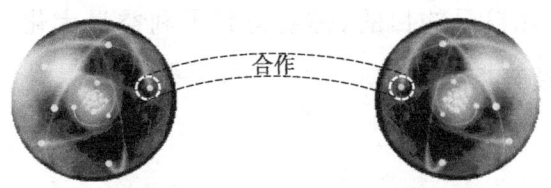

图8.2　手段与手段的合作关系

（2）甲方的手段和乙方的目的合作

甲方的目的和乙方的目的不在一个时空上，甲方通过和乙方的合作来间接实现自己的目的，双方合作的价值不在甲方所定位的战略的价值空间内，相对而言可以做出更大的让步；而乙方通过和甲方的合作需要直接实现自己的目的，需要得到了利益的最大化，因此这种合作是稳定的（如图8.3所示）。

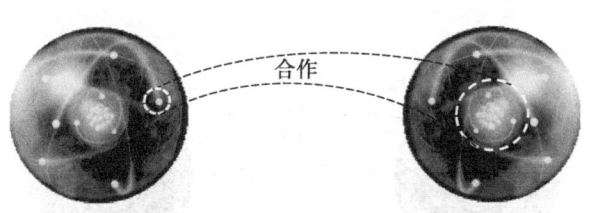

图8.3　手段与目的的合作关系

（3）甲方的目的和乙方的手段合作

甲方的目的和乙方的目的不在一个时空上，乙方通过和甲方的合作来间接实现自己的目的，双方合作的价值不在乙方所定位的战略的价值空间内，相对而言可以做出更大的让步；而甲方通过和乙方的合

231

作需要直接实现自己的目的,需要得到了利益最大化,因此这种合作是稳定的(如图8.4所示)。

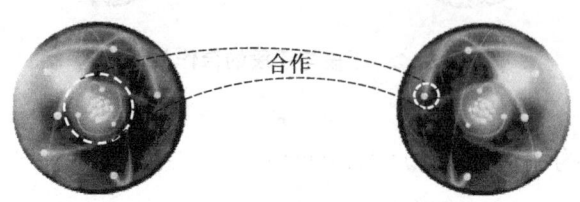

图8.4　目的与手段的合作关系

(4)甲方的目的和乙方的目的合作

甲方的目的和乙方的目的在时空上相交,甚至重合,甲乙双方在合作上都需要直接实现自己的目的,都没有多少可以让步的空间,会产生激烈的利益竞争,因此这种合作是不稳定的(如图8.5所示)。

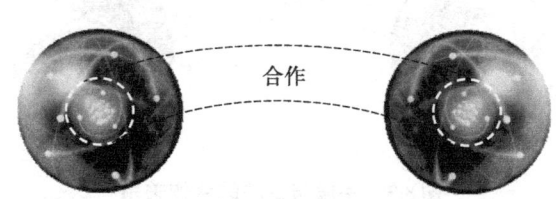

图8.5　目的与目的的合作关系

3. 生成宏观时空秩序

时空不只是物质的存在与变化的抽象,也是需求存在与变化的抽象。因此,手段所满足的需求的时空,需求从时间的角度来看,应该是当下的需求,成熟的需求,相对单一的需求;需求从空间的角度来看,涉及范围尽量广，但空间关系上尽量简单，因此作为手段是尽量的降低维度。

目的所满足的需求的时空，需求从时间的角度来看，应该是未来的需求，或者是当下进行融合统一的需求，而且是需求尽量的多样，持续时间尽量长；从空间的角度来看，是多个空间的融合统一，空间关系复杂，纠缠，作用范围广，因此作为目的是尽量的升高维度。而企业的商业模式就是将手段的需求时空引入到目的的需求的时空，是企业的具体的经营活动要实现企业战略的价值积累。

企业的时空秩序由企业的手段和目的而形成了简单与复杂的统一，经营本身涉及的是一个由许多系统在时空域上交叉连接形成的复杂大系统，事物之间有许多直接或者间接的信息联系，因此简单与复杂的统一更为重要。企业经营能够实现手段和目的的统一，也就是实现简单与复杂的统一，因为企业经营用螺旋论建立的元系统是一个高维、全息的信息时空秩序。

企业经营的宏观秩序是先把自己的手段同对方的目的合作，以合作来实现自己的目的；然后把自己的目的和对方的手段进行合作，以合作来实现自己的利益最大化。

我们可以用杠杆原理，来说明甲乙双方的合作，手段和目的合作可以撬动很大的价值时空，将这个时空引入到自己的企业战略时空之中（如图8.6所示）。

图 8.6　杠杆原理图

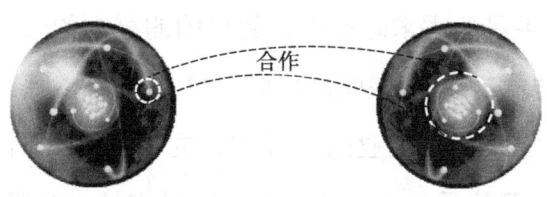

图 8.7　手段与目的合作

在企业的目的实现以后,可以把自己的目的和对方的企业手段进行合作,以获得利益的最大化(如图 8.7 所示)。

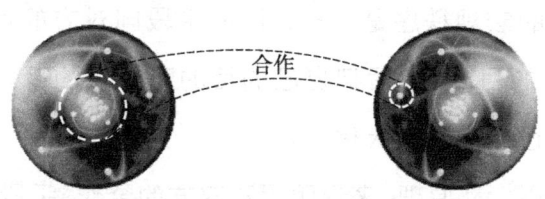

图 8.8　目的与手段合作

企业的手段和目的是相对,也是阶段性的。企业经营的手段是在具体的经营活动中满足外部需求,为了企业的生存、发展,实现企业经营的目的,持续进行企业战略的价值积累。随着企业战略和目的的实现,企业会制定更高的战略,目的是创造更大的价值,满足企业内部和外部更大、更广泛的需求。企业也会有新的经营手段,甚至将之前的企业目的转换为了企业的经营手段,从而满足企业更大的目的,支撑企业更大的战略需求,企业的经营手段和目的持续不断的迭代,螺旋上升。手段和目的的这种宏观秩序,生成企业所有经营活动的信息时空秩序,贯穿于企业的所有经营活动之中。在这个过程之中,企业内部和外部所有利益相关各方都持续的创造价值,分享价值,满足需求。

根据螺旋论的"需求元系统",需求是生存、发展、合作、共赢、自我的螺旋,即"0→1→N→N→1→0"的螺旋,螺旋嵌套组成,不断迭代循环,螺旋上升。"需求元系统"也可以称为需求模型,一个事物整体本身的需求发展规律符合这个模型,组成这个整体的各个部分,组成各个部分的最小单元也符合这个模型。也就是说,无论是从宏观到微观,还是从部分到整体,以及事物的不同的层次,需求都符合这个模型。层次间是可以跨越的,如企业之间的手段和目的的合作,就超越了注重直接分享合作利益的共赢,实现各自的战略价值积累。

"需求元系统"中的生存、发展、合作、共赢、自我5个关键要素,每个关键要素所代表的阶段都不是孤立的,割裂开的,都融合了其他各个阶段的属性,只是主次的问题,每次的螺旋上升,各阶段的需求也会随之发展。比如每个阶段的具体事物都有"0→1"的生存需求,即关系到事物的能否存在,是最基础的、根本的需求。但发展阶段的生存需求和自我阶段的生存需求是不一样的。解决生存阶段的"0→1"和解决自我阶段的"0→1",其价值的大小是不一样的。但是无论哪个阶段的"0→1",只要深入发展下去,根据"0→1→N→N→1→0"的发展规律,都可以实现公司战略积累。以一个定位点进入市场,横向扩展(应用),

然后将各个应用融合统一(战略积累),实现纵向突破,在发展过程中不断进行战略层面的价值积累,最终都会形成以战略定位为中心的价值网。

8.1.3 由宏观时空秩序生成企业经营的信息时空秩序

经营本身涉及的是一个由许多系统在时空域上交叉连接形成的复杂大系统,事物之间有许多直接或者间接的信息联系,但是这些系统,包括所有和人相关的活动,甚至是所有事物的发展变化,都可以统一为需求,只不过人的需求是最复杂的,涵盖的范围是最广的。

螺旋论是通过时空关系和时空秩序来建立涵盖"0→1→N→N→1→0"全生命周期的方法论,其核心理论基础就是合目的性和合规律性的统一。因此,用螺旋论建立的企业经营系统,企业经营的目的是由螺旋论的"需求元系统"建立的,企业经营的宏观秩序是企业的手段和目的的迭代螺旋发展。用企业经营的宏观秩序生成经营系统的元系统,不同的经营系统在本质上是统一的,可以相互协调统一。用企业经营的元系统生成、协同、统一运营企业的所有的经营活动,在宏观和微观、整体和部分形成统一的经营秩序,从而生成更大的经营系统。

企业经营主要包括商业定位,企业战略,业务、产品等方面,定位和战略是企业的目的性,确定了企业经营的宏观时空秩序。业务和产品是企业主要的经营活动,根据经营的定义,可以归为企业经营系统的子系统,根据企业经营的目的性,子系统仍然按照上述的"确定系统的定义、用定义生成系统的宏观时空秩序、用宏观时空秩序生成系统的信息时空秩序"的方法生成子系统的信息时空秩序。

1. 由商业定位到战略定位

企业内部的宏观需求,就是企业的战略,也就是企业的宏观定位,企业的战略就是企业选择做什么和不做什么,决定了企业用什么产品和服务来满足客户的什么需求。

在20世纪70年代,美国著名营销专家艾·里斯(Al Ries)与杰克·特劳特(Jack Trout)提出了定位理论。定位理论的核心是"一个中心两个基本点",以"打造品牌"为中心,以"竞争导向"和"消费者心智"为基本点。里斯和特劳特认为,定位要从一个产品开始。那产品可能是一种商品、一项服务、一个机构甚至是一个人,也许就是你自己。但是,定位不是你对产品要做的事。定位是你对预期客户要做的事。换句话说,你要在预期客户的头脑里给产品定位,确保产品在预期客户头脑里占据一个真正有价值的地位。

艾·里斯说:"定位就是在顾客头脑中寻找一块空地,扎扎实实地占据下来,作为"根据地",不被别人抢占。"杰克·特劳特用另外的角度表达同样的观点:"所谓定位,就是令你的企业和产品与众不同,形成核心竞争力;对受众而言,即鲜明地建立品牌。"

企业的战略定位着眼的是未来,企业能生存多久,企业的价值有多大,关键在于具体的经营活动中是否能为企业的战略进行积累。因此在企业的具体经营活动中,既要提供满足企业外部需求的产品和服务,又要对企业的战略进行价值积累。在企业的具体经营中能够给企业外部提供什么价值来满足企业外部的需求,就是企业的商业定位。

企业在创立之初,或者进入一个新的领域,解决企业的生存问题是由企业的商业定位开始的,解决企业的长久发展问题是由企业的战略定位开始的。企业的商业定位着眼于时机,是商业模式的一个支撑点,直接影响到企业需要构筑何种商业模式。企业战略定位着眼于时代,将决定企业未来能走多远,在波特的战略体系中,定位实际上就是企业选择应该做什么,这个定位在内涵是关注企业在宏观层面如何发展。商业定位要在战略层面和执行层面建立更直接和具体的联系,既要抓住时机,又要服务于时代,在战略层面不断进行价值积累。根据螺旋论,一个事物是从无到有发展演化而来的,而企业的战略定位着眼的是未来。商业定位和战略定位是经营上的对立统一,要建立在具体经营活动所定位的需求上,按照需求的发展秩序进行价值累积的经营秩序。需求的发展秩序是"0→1→N→N→1→0"的螺旋。

（1）在时空中求得生存是"0→1"

这个阶段的需求是基础的、根本的、事物存在的先决条件,关系到事物能否存在,是能与不能的问题。这个问题解决了,才能有后续的存在、演化和发展。对于企业或者个人,要使自己能够在时空中生存,关键是对现有的时空环境进行分析,能够提供什么价值,寻找出属于自己的生存时空。

（2）在生存中谋求发展是"1→N"

需要不断地扩大自己的时空,此阶段主要是发展自己的内部空间,同时连接外部的时空,进行物质、能量和信息的交换。发展包括横向发展和纵向发展,二者之间是对立统一、相辅相成的关系。纵向发展的目的是成为系统更高阶段、更高层次的发展演化的先决条件。横向发展的目的是成为更多系统的发展演化的先决条件。

（3）在发展中寻找合作是"N→N"

主要是拓展外部时空,和外部时空进行相互作用。当企业的内部空间得以扩展后,企业的目的就是不断地扩展企业的外部空间,将企业的价值扩大。而要实现企业外部经营空间的扩展,就需要通过与外部空间进行联合,借助并发挥各自的能力和资源,共同实现各自的目的。企业在发展的过程中,需要不断寻找在空间能力上相匹配的外部空间,通过延伸需求与其建立合作关系,并在行业内建立价值链来扩大经营的空间范围。价值链的建立使得企业能够联合不同行业的时空,在产业链中迅速地扩大经营空间,使企业的经营时空能够更大。因此,要使企业能够快速地发展,需要与产业链中的其他企业开展合作,实现价值创造,建立新的价值链。

(4)在合作中达到共赢是"N→1"

这个阶段的需求和其他需求融合,形成更广、更高、更具包容性的需求;当企业在生存阶段时,是从一个商业定位开始,经过发展、合作阶段,逐渐扩展了自己的业务系统,并形成了价值链。当进入共赢阶段时,就要实现企业的战略,将所有企业与外部开展的合作统一合成一个平台,也就是将企业在各行业内建立的价值链进行整合,形成一个价值网,企业是价值网的连接中枢。于是,企业的价值空间又从合作阶段的"N"回归到了"1",这个生存阶段的"1"不同,是一个系统性的、整体性的价值网,所有合作企业都能够从价值网中创造、获取、分享价值。

从空间的角度来看,企业将各个价值空间进行连通,既不是发展阶段的从企业向外部空间的单向连通,也不是合作阶段的行业内的价值空间连通,而是所有价值空间之间的连通,跨越了各个行业,真正地实现了行业价值空间的自由连通。

从时间的角度来看,不同企业的需求能够在一个时空中汇聚,相互支撑进行实现。不同需求之间能够产生新的需求,原先单项的价值链从一维拓展成了N维,任何需求之间均能实现任意组合,从而使的价值呈现出爆炸式增长,不断地催生出新的需求,循环往复。

(5)在共赢中确立自我是"1→0"

这个阶段的需求是要求整体性的突破,进入新的更高的循环周期。

螺旋论是通过时空关系、时空秩序来建立涵盖"0→1→N→N→1→0"全生命周期的方法论,其核心理论基础就是合目的性和合规律性的统一。用螺旋论分析企业具体的情况,针对需求目前所处的阶段,确定企业的定位。"0→1"是目前企业进入市场的切入点,提供稀缺的,甚至独有的价值,是具体经营的执行层面,能为战略层面积累商业定位,是企业经营的手段。"N→1"中的"1"则是企业的战略定位,是企业的品牌,也是企业核心产品和服务的定义,是企业经营的目的。"1→N"和"N→N"则是企业目前这个切入点所针对的需求的发展,是企业战略的积累。

案例:超擎的商业定位到战略定位

(1)超擎的战略定位

要确定公司的战略定位,必须首先确定公司经营的目的。超擎要成为一个什么样的企业,超擎是如何根据创业者自身、所从事的行业的现状和发展规律等关键要素制定公司在时空之中的生存、发展演化实现超擎的战略定位呢?

笔者在2002年创立了南京超擎公司,公司的战略定位是超级信息引擎,是公司"N→1"中的"1",是公司的核心产品SuperEngine,也是公司的品牌。那么如何分析确定SuperEngine的定义,并将其作为超擎公司的由企业定位到企业战略的核心产品和公司品牌的呢?也就是说如何通过螺旋论生成、发展、演化SuperEngine的呢？以下是笔者2002年的分析判断。

从企业经营的角度来看，追求用有限的资源创造尽量大的价值，那么按照螺旋论，战略定位无论从需求的"无"的时空，还是系统存在的"物"的时空，都要求其生命周期尽量长，作用范围尽量广。对企业做软件产品而言，按照螺旋论，首先要回到思维的原点进行分析。软件属于信息化，从信息为起点进行分析。信息泛指人类社会传播的一切内容，从计算机处理的信息的表现形式，可以将信息分为图形图像/语音、数字/文字和坐标位置三大类型；根据信息的时效性，又可以将信息分为静态信息和实时信息两大类。信息实体的特征可分为：

①属性特征——用以描述事物或现象的特征，即用来说明"是什么"，如事物或现象的类别、等级、数量、名称，等等；

②空间特征——用以描述事物或现象的地理位置（几何特征）以及空间相互关系（拓扑特征）；

③时间特征——用以描述事物或现象随时间的变化。

在社会的信息化进程中，为了表现和管理信息的某一方面特征，产生了各种各样的专业软件系统，如管理信息系统（MIS）、地理信息系统（GIS）、计算机辅助制图（CAC）、计算机辅助设计（CAD）、实时监控系统（SCADA, Supervisory Control And Data Acquisition）等。

在实际应用中，各系统往往要结合在一起才能满足客户的需求，如GIS系统、遥感系统（RS）和全球定位系统（GPS）三者结合在一起，即通常所说的"3S"系统；以SCADA系统为主体结合GIS、RS、GPS、多媒体网络和虚拟仿真等技术，对城市基础设施、功能机制进行自动采集、动态监测和辅助决策的综合信息管理系统；以MIS为主体结合GIS的静态城市资源管理信息建设,等等。所有这些都要求系统不再只反映信息的某一方面,而是反映信息的各个方面。但由于目前的各种专业软件在规划设计时只考虑了信息的某一些方面,所以将它们组合在一起时必然会造成系统效率低、资源难于共享、系统成本高、用户难以使用等问题。

人们需要的是对信息的各方面特征进行包装和处理,即图形图像/语音、数字/文字和坐标位置信息和静态、实时信息。以人类认识世界的模式为出发点,通过将管理对象相关的静态属性、空间分布、动态过程等各种信息进行整合与再造,真正实现了数据管理的形式可视化、手段透明化、信息多元化的目标。

从需求元系统的目的性出发,当时给 SuperEngine 定义为:用于建立一个以空间位置为主线,按地理坐标构建信息模型,描述地理坐标上每一点的全部信息及它们之间的相互关系,并提供有效、方便和直观的检索、分析和显示手段的综合信息平台,也就是说在一定的空间范围内以地理位置及相互关系为基础组成信息框架,并在该框架内嵌入我们能够获得的信息总和。SuperEngine=GIS+SCADA+…(如图8.9所示)。

图8.9　超级信息引擎

SuperEngine 战略的核心,也可以说是战略中的战略是时空索引,也就是信息化的神经,相当于企业发展螺旋中"1→0"阶段的"0"。因为当时的信息化主要关注事物的存在和状态,因此在 2002 年对 SuperEngine 的定义,是以空间位置来建立各种信息的索引,但是为了战略积累,将 SuperEngine 最早以表达事物空间存在为主的 GIS 和以表达事物状态的时间性比较强的 SCADA 作为两大核心内容。

目前,信息化的重点已经开始关注事物的发展和演化的规律,SuperEngine 也演化为以时空为主线,以数据和图形图像为核心内容的超级信息引擎,其核心为时空索引(如图 8.10 所示)。

图 8.10　超级信息引擎

SuperEngine 的定义也演化为:以人类认识世界的模式为出发点,统一的时间和空间为主线,按地理坐标及相互关系为基础构建大数据模型,将属性信息、时空分布、动态过程等各方面数据进行整合和处理,并提供时空数据的分布式存储与管理、高并发的读写与访问、云—端的分布式协同分析与计算、智能化的实时交互与可视化的超级时空云平台。

(2) 超擎的商业定位

商业定位就是要明确自己目前想要干什么,对现有的时空环境进行分析,寻找出属于自己的生存时空,并且能对战略形成积累。无论是个人、还是企业,每个阶段对自己的定位是最为关键的,必须对该阶段的时空进行清晰地定位,同时现阶段的定位又能为企业的长远发展进行战略积累。同时,这也关系企业如何构建业务系统、确定盈利模式、分布资源能力、设计现金流结构等商业模式体系中的其他部分。2002年超擎公司的定位是GIS和SCADA结合的功能需求,当时国内还没有类似的产品,当然也可以单独满足GIS或者SCADA的软件系统的需求,那么当时为何将GIS和SCADA结合作为SuperEngine生存阶段的核心要素呢?

监视、控制与数据采集系统SCADA,在我国也习惯称为RIS(Real-time Information System)。SCADA技术横跨于计算机、通信与自控三大领域。

实时监控系统软件,为人们在计算机监控终端和监控设备之间提供了一座桥梁。实时监控系统的图形软件可以把图形界面上的图元和自然界中的物理量相关联起来,给用户一个良好的人机界面。监控软件通过各种标准协议从远程处理设备RTU取得数据,并将这些数据经过处理后在计算机终端上显示出来。被监控的物理量包括数字量(DI)、模拟量(AI)、脉冲量(PA),人们也可以定义遥控量对设备进行遥控操作。它广泛应用于水利、电力、排水、环保、化工、智能楼宇等领域。

实时监控系统的图形软件,是建立在笛卡尔坐标系(平面直角坐标系)基础上的简单的图形软件,它不能描述地理坐标下的各个信息单元空间位置及它们的相互关系。但众多应用行业中的监控信息大部分含有空间信息,如城市排水工程监控中的泵站,城市供水、供热中的管道分布走向等,因此它不能适应未来的"数字化城市"建设。

如图 8.11 所示,SuperEngine 将 GIS 和 SCADA 在底层上完全融合,将传统实时监控系统中的实时属性数据带入地理坐标下的可视化空间中,弥补了 SCADA 中空间数据的局限性,将用户置身于自然地理和社会环境之中,使其对各个方面的情况有一个全面的了解、统筹安排,从而使现代化管理迈上一个更高的台阶。同时,将一个适合于工业和事务管理的地理信息系统嵌套于 SCADA 系统中,将带来不可估量的效益。这是从功能上的"0→1"。GIS 和 SCADA 的结合,需要突破的技术瓶颈是系统的性能,当时 GIS 的性能不能支撑 SCADA 的毫秒级刷新。这是从性能上的"0→1"。

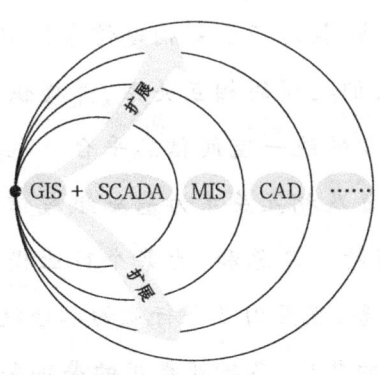

图 8.11　SuperEngine 扩展

(3) 由商业定位到战略定位

我们首先由螺旋论来分析GIS发展的全生命周期。

从目的性而言,GIS就是满足人们对于空间数据的管理、显示、分析和处理的需求,即实现数据入库、管理、查询、分析、读取、传输、显示、编辑、制图等功能。根据需求模型,目前的网络GIS也包括如下几个阶段。

① 生存阶段:"0→1"的过程,电子地图,功能包括空间数据的管理、查询、读取、传输、绘制。

② 发展阶段:"1→N"的过程,专题地图,着重表示一种或数种自然要素或社会经济现象的地图,功能包括图层显示管理,空间数据和属性数据的查询、分析和处理,地图设计与制图。

③ 合作阶段:"N→N"的过程,行业地图,根据空间位置,对行业数据的管理、分析、处理和显示,涉及GIS的几乎全部功能。

空间数据是人类生产生活中的基础,广泛应用在社会的各行业。

④ 共赢阶段:"N→1"的过程,体现为统一的空间信息服务平台。

以空间位置为主线,按地理坐标构建信息模型,描述地理坐标上每一点的全部信息及它们之间的相互关系,并提供有效、方便和直观的检索、分析和显示手段的统一空间信息平台。也就是说,在一定的空间范围内,以地理位置及相互关系为基础组成信息框架,并在该框架内嵌入我们能够获得的信息总和,为某个行业提供统一的服务,为多个行业提供统一的服务,直至由多个行业的融合提供增值服务。

不同区域的数据的集中、各行业数据的叠加融合,以及数据越来越精细、精度越来越高、更新越来越快,需要系统的处理能力能适应数据量的爆炸式增长。

⑤自我阶段:"1→0"的过程,体现为大数据的神经,DT(Data Technology,数据处理技术)中的IT(Index Technology,索引技术)。

在2002年,GIS正处于"1→N"的发展阶段,空间数据量越来越大,性能问题已经是一个突出问题,但是应用软件以单机版为主。2002年SuperEngine第一版产品解决了GIS的系统性能的问题,而这个问题也恰恰是处于自我阶段的品牌公司的GIS应用系统的"0→1",因此公司成立1个月之内就和央视市场研究股份有限公司(CTR)和江苏天泽信息产业股份有限公司(以下简称"江苏天泽")签订了当时全国单笔最大的订单,其中,CTR一次购买20套SuperEngine软件,江苏天泽签订了一年内购买500套SuperEngine的合作协议。后来GIS的性能从"0→1"发展为局域网GIS的性能,互联网GIS的性能。发展到了目前的"N→1"的共赢阶段,GIS基本上延伸到了所有的行业,空间大数据的建设越来越受到重视,空间索引逐渐成了大数据的神经,也就是发展到"1→0"的自我阶段。SuperEngine已经由GIS演化为真正的超级信息引擎。从需求的角度讲,对GIS的需求已经进入了新的循环,由处理空间数据为主发展为处理时空数据为主,也可以将其称为时空信息系统。

根据需求模型,时空信息系统也包括如下几个阶段。

①生存阶段:"0→1"的过程,时空作为数据,呈现为动态电子地图,展现事物的演化过程。

②发展阶段:"1→N"的过程,时空作为架构,以索引的形式将万事万物进行统一的组织、管理。

③合作阶段:"N→N"的过程,时空作为关系,主要是分析各事物之间在变化、发展和演化过程中的相互关系、相互影响。

④共赢阶段:"N→1"的过程,时空作为秩序,由各种相关数据来分

析事物的动态发展和演化,预测事物的发展趋势。

⑤自我阶段:"1→0"的过程,时空作为方法,由多种相关事物的动态发展、演化和趋势,得出各种时空关系达到一个做某件事的最佳时机,即"天时、地利、人和"。

随着人工智能、虚拟现实、物联网、无人机控制等新兴行业的迅猛发展,时空信息系统的多个阶段会交叉快速发展,本书的螺旋论也正是将时空作为方法。超擎原有的战略定位——超级信息引擎,已经转变为超擎的商业定位——时空数据库,解决"0→1"的是时空大数据的管理、显示、分析等应用中的全功能、高性能和低成本的统一。核心技术是时空索引,实现全网分布式边缘运算,和现有技术相比能耗可以降低95%以上。而超擎的目的,也就是新的战略定位则是大数据的运营和分析,是时空信息系统"N→1"的共赢阶段,也就是超擎时空。

2. 由商务模式到业务系统

商务模式和业务系统都是涉及利益相关各方的价值创造和分配的问题,是企业的核心问题,企业的业务开展是由商务开始的,商务模式是多样的、变化的,体现在不同的具体商务活动之中,而业务系统则是为了达成企业的定位和战略积累,将和业务相关的活动整合成一个系统,确定与企业相关价值链活动的关系和结构,所需要的业务环节、交易内容和方式,然后根据各合作伙伴的资源能力分配角色,各个价值链围绕企业定位和战略目标形成一个价值网络,明确了内部和外部利益各方通过商业模式而获得价值的过程中在价值链中的位置,以及所扮演的角色。

商务模式要有利于业务系统的建设,随着企业的发展逐步形成了业务系统。业务系统是商业模式的核心。高效运营的业务系统不仅仅是赢得企业竞争优势的必要条件，同时也有可能成为企业竞争优势本身。

商务模式以企业目前的定位为主，指导具体业务如何开展。业务系统则统一了企业商业定位和战略定位，把和业务相关的活动整合成一个系统，是围绕"N→1"中的"1"进行战略价值积累，既抓住时机，又服务于时代。

因为商务模式和业务系统都是涉及利益相关各方的价值创造和分配的问题，价值分配如果和利益相关各方的实际起到的作用、担当的角色、需求层次匹配的好，会极大地促进公司的稳定和发展，如果匹配不好则会阻碍团队的建设和公司的发展。价值是和需求相对应，而需求的发展秩序是"0→1→N→N→1→0"的螺旋，因此，企业本身、企业内部和外部各个利益相关方的需求也是"0→1→N→N→1→0"的螺旋，而且在具体的事物的整个生命周期因为要合目的性，也都由这个螺旋组成，如果业务系统创造和分配的价值能满足企业内部和外部各个利益相关方的需求层次越多，特别是满足"0→1"和"N→1"的需求，则企业的竞争力越强、企业价值和发展潜力越大。

案例：超擎从商务模式到业务系统

商务模式和业务系统与市场环境直接相关，要根据不同的环境和所处的阶段及时调整，如2002年，行业被区域分割，同一个行业的不同区域之间是没有打通的，这时的商务模式和业务系统也都以区域分割；2008年的时候，同一个行业的不同区域之间已走向融合，而目前随着大数据的发展，行业间已经开始逐步走向融合。

时空

　　超擎的商务模式是针对某个具体行业的合作发展,最终形成超擎本身的业务系统,即针对多个行业的价值时空的融合。以2002年到2006年之间超擎的规划为例,从超擎的整体而言,苏州超擎的定位是企业的战略,逐渐组建起来的业务系统也由苏州超擎来承担;各省成立控股子公司相对于超擎的整体而言是商业定位,承担具体行业的商务合作,再由各个行业业务的发展,逐步构建统一组织、协调管理的业务系统,最终在整个系统中统一调配资源,为各个行业服务,通过各个行业构建起来的价值链组成价值网(如图8.12所示)。

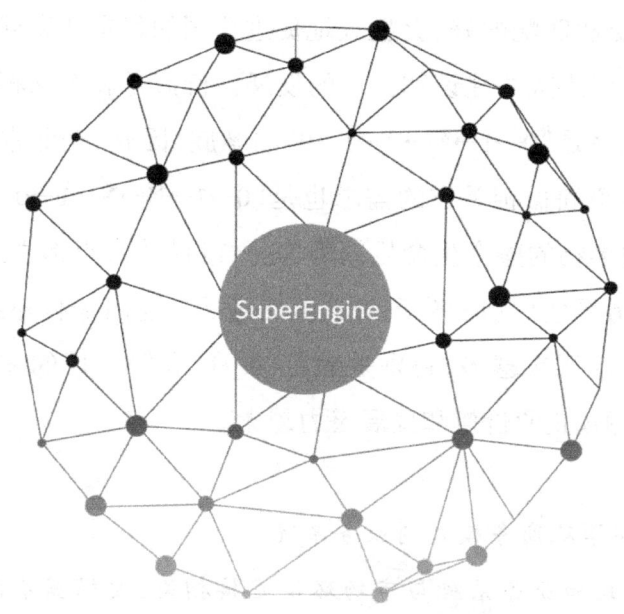

图8.12　构建行业价值网

3. 由产品开发到服务运营

产品是企业价值的载体，是企业进入市场的前提，也是企业生存和发展的基础。产品的生命周期也是"0→1→N→N→1→0"，服务是产品的增值，是在产品的基础上创造价值。在"0→1→N"的阶段，往往以提供解决具体需求的产品来进入市场；"N→N"阶段往往就需要以提供解决方案作为产品的服务；到了"N→1"的阶段，服务所创造的价值甚至会超过产品本身所创造的价值。比如，应用本身需要多方面，甚至是多学科、多领域、多行业的专业知识，因此需要提供整体解决方案或者产品服务；或者产品本身就是由多个需求，多个行业的数据融合以后产生的增值，也就是说产品本身就是以服务的形式提供。

企业的价值往往取决于产品的价值，产品的价值在于其功能、性能、成本的平衡，如果能解决功能、性能、成本之间的矛盾，产品能解决目标客户各个需求阶段的"0→1"的需求，同时又能支持他们"N→1"的需求，就是最具有价值的。

产品是企业价值的载体，是企业生存和发展的基础，服务是产品的增值，是在产品的基础上创造价值。企业的价值往往取决于产品的价值，产品自身的价值通常是有限的，而产品的增值带来的价值可以是无限的，所以，企业价值的大小更多地取决于产品的增值部分，即服务。

图 8.13 是 SuperEngine 价值描述和由产品到服务的规划。

时 空

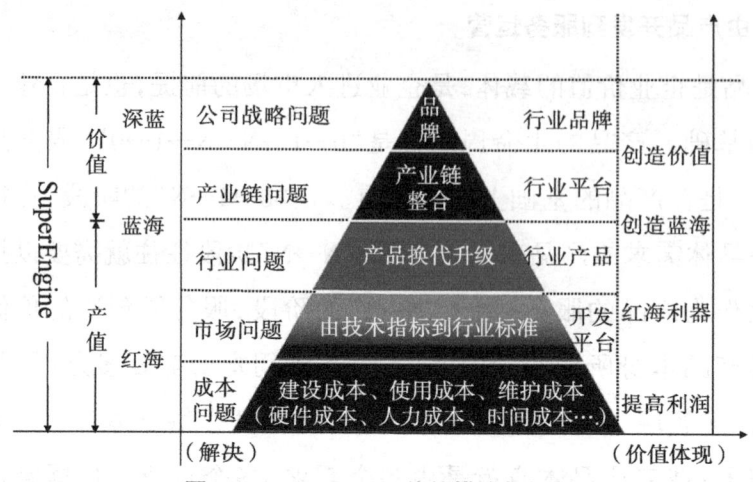

图 8.13 SuperEngine 价值描述与规划

（1）提高利润：解决成本问题，主要针对已有的存量市场、已经开发实施中的应用系统，让已有的蛋糕营养价值更高，也就是提高利润。对应的产品为：超擎加速器，针对现有系统（如 GIS 平台或应用系统），对存在性能瓶颈的环节进行加速，如海量空间数据的查询、读取、压缩、网络传输、可视化、分析等，让系统的性能不再受数据量的制约。

（2）获得更多市场：在市场竞争时提供红海利器，解决市场问题，支撑合作伙伴获得更多的市场，在竞争中切到更多的蛋糕。对应的产品为：超擎超级信息引擎开发平台 SuperEngine，在计算机图形系统和时空数据管理上取得了整体的颠覆性创新，建立了适合于互联网（特别是移动互联网）的理论体系，不但解决了一直以来系统性能受数据量制约的难题，而且省掉了一些数据预处理的环节，省时、省力、极速、低耗，实现了功能、性能、成本三方面的统一，使这三个方面的指标都达到最高水平，即支持全功能开发、高性能和低成本，支撑相关行业的产业升级。

(3) 开创蓝海：解决制约行业发展的技术瓶颈，解决行业问题，促使行业已存市场进行升级换代，开创新的蓝海。对应的产品为：超擎地图（SuperEngine Map），是完全互联网化的 GIS 服务，实现 GIS+互联网，既能实现专业 GIS 的功能，又能达到公众地图的性能，兼容公众和行业两种技术体系架构，即支持将行业应用延伸到公众服务，也支持将公众服务同行业的融合。

(4) 提升产业定位：和合作伙伴一同实现由项目到产品，由产品到行业开发平台和服务，即解决产业链的问题，实现在产业链中的定位由低端到高端的升级，也就是说共同开发具有自主知识产权的行业平台，建立行业的服务信息系统。对应的产品或服务：根据需要向合作伙伴提供除了 SuperEngine 之外的源代码，如超擎地图的源代码。

(5) 创造价值：建立品牌，解决公司战略问题。对应的产品或服务：超擎时空云网，解决了时空数据的存储、管理、分析、传输、可视化的一系列性能瓶颈，支持空间数据与索引的分离，客户的业务数据可以存储在自己的服务器上，即可获得快速、专业的时空在线云服务，超擎时空云网通过时空索引，完成数据和服务的智能融合和投放，提供多服务的搜索、融合、智能投放等服务。如以 SuperEngine 品牌为核心构建起来的由产品到服务的超擎时空云网，利用品牌效应可以聚集更多的数据和服务，进而提供更多、更好的融合的服务，如此又将进一步扩大品牌的影响力，聚集更多的更好的数据和服务，不断循环发展。

超擎针对处于各个发展阶段的合作伙伴都有对应的产品，提供的都是独有的价值，产品能解决合作伙伴各个需求阶段的"0→1"的需求，同时又能支持他们"N→1"的需求。

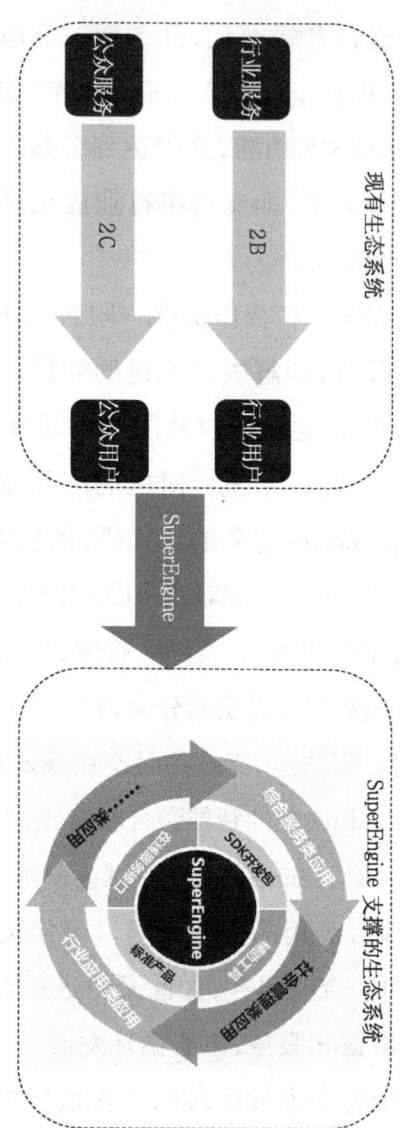

图8.14 SuperEngine的生态环境

8.2 生成运行系统

通过元系统生成系统的各个部分,对于经营而言,商务模式到业务系统和产品开发到服务,都是由人来完成的,因此就必须要组建开发和销售团队,团队是由价值分享建立起来的,团队性质上限是由团队之中成员层次的上限所决定的,团队成员所处的需求层次也决定了对外合作的层级,团队的发展阶段要和公司的发展阶段相协调、共同促进,商业模式要尽量满足所有相关方的需求秩序。

将上述的由商业定位到战略定位、由商务模式到业务系统、由产品到服务三个大的方面融合在一起,所有事物在秩序上协调统一,建立一个统一企业经营的系统,就是商业模式。

案例:超擎初期的商业模式

2003年的下半年,超擎的团队只有3个人,如果要快速的发展就必须解决好三方面的问题:

(1)建立畅通的融资渠道;

(2)建立良好的销售渠道;

(3)建立高效稳定的团队。

笔者运用螺旋论的方法建立了一个创新性的商业模式,即超擎100%的销售利润提成。这个模式充分满足了各利益方"0→1"和"N→1"的需求,又整体性地解决了融资渠道、社会关系、团队建设的问题,并实现了三者之间的统一。该商业模式为:

首先,在苏州成立了苏州超擎,将SuperEngine所有软件版权、知识产权都归属于苏州超擎,负责核心产品的研发工作。苏州超擎属于超擎的战略定位，作为企业的目的，如图 8.15 所示，承担超擎未来的业务系统组建价值网络。

其次，在南京成立了苏州超擎控股的南京超擎，负责 SuperEngine 在江苏省的推广销售，推广销售的全部收益都属于南京超擎所有。南京超擎属于超擎的商业定位，作为苏州超擎的手段，承担具体的行业商务合作。南京超擎作为手段，其销售 SuperEngine 所产生的利润的 100% 都作为销售提成。

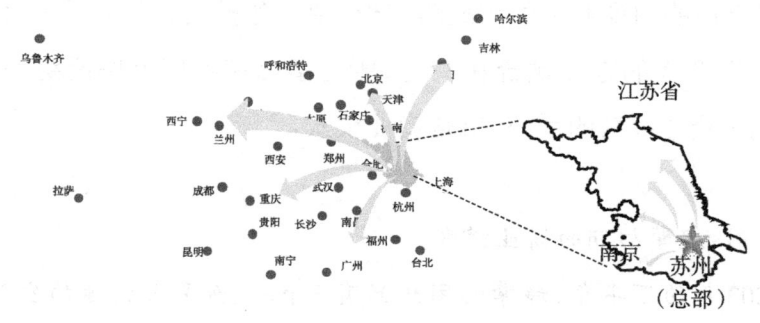

图 8.15　超擎商业布局

因为 SuperEngine 的开发由苏州超擎承担，南京超擎销售利润的 100% 作为销售提成，销售人员的所有中间费用（如差旅费、招待费、电话费等）都由自己承担。因此，南京超擎的销售利润非常高，成本很低，销售 120 万的产品，基本上有 100 万的利润。30% 作为现金提成，剩余 70% 转股，就是购买南京超擎的股权，即购买苏州超擎所持有南京超擎的股权（如图 8.16 所示）。因为南京超擎拥有 SuperEngine 在整个江苏省的独家销售的权利，南京超擎的注册资金是 50 万，但股权转让时南京超擎的估值按 1000 万进行计算。也就是说 100 万的销售利润，30 万现金变现，70万向苏州超擎或者其他股东购买所持有南京超擎7%的股权，成了南京超擎的股东。同时，他作为股东，也可以按照比例转让所持有的7%的股份。当苏州超擎转让南京超擎的股权达到50%时，停止100%销售利润提成模式，这个过程中苏州超擎获得500万的现金，选择最佳的销售人员，可以把他的股权变更到苏州超擎，构建核心团队。相应的南京超擎的商务模式转换为：销售利润的15%作为销售提成，85%归南京超擎所有。这样就构建了利益的三级运作空间，覆盖了多层次的需求：第一级是苏州企业的股权，第二级是南京企业的股权，第三级是变现。

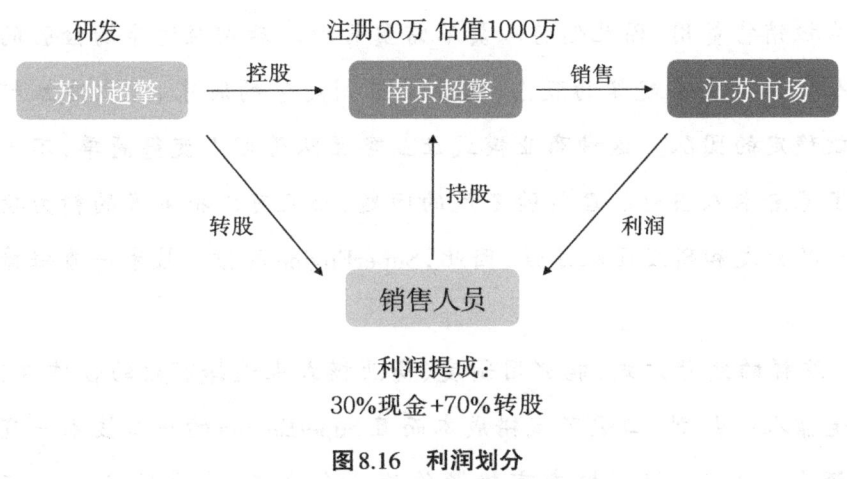

图8.16 利润划分

因此，超擎完成了团队组织结构的建立和利益三级空间的划分，在时间上将利益划分为短期利益和长远利益，将具有不同需求、不同时空的人或企业融入超擎的组织结构中，使得各个层级之间形成互补，相互作用，与企业共同发展。最终，借助正向螺旋的上升作用带动企业向上发展。

这种100%利润提成的商业模式整体上解决了超擎初期的三个问题。

（1）建立畅通的融资渠道，用产品推广销售的利润来购买股权，苏州超擎在出让所持有南京超擎的股权过程中，相当于融资，而且直接推动了超擎的发展，并且进行了战略价值积累。

（2）建立良好的销售渠道，因为销售过程中所有的中间费用，销售人员自己承担，只有有良好社会关系或者销售渠道才会承担这个风险，而有渠道的销售人员非常愿意接受这种商业模式。

（3）建立高效稳定的团队，前期100%的销售利润提成，销售人员自己承担销售费用，因此销售人员不需要管理。后期经过市场检验的销售人员转为南京超擎的股东，甚至是苏州超擎的股东，逐步建立起了高效稳定的团队。这种商业模式让业务团队管理上变得简单，不但解决了笔者本人当时管理经验不足的问题，而且可以把更多的精力投入到产品开发和研发团队建设，因此，SuperEngine的核心技术一直保持领先。

这样的经营方式，能够用制度、商业模式来选择有效的合作者，而不是靠人去辨别，回避了试错成本而且SuperEngine的核心技术一直保持领先。然后，规划把南京超擎作为一个样板，在全国各省进行复制。从而，将作为战略定位的苏州超擎为核心，将作为商业定位的全国各省的控股子公司为网点，连接起来形成价值网络。

这种商业模式让超擎快速地发展起来，但是针对当时的商业环境，也正因为发展太快，超擎的团队和资源保护不了自己的权益，南京超擎2006年因为SuperEngine被盗版，维护权益过程中被暴力迫害而一夜倒闭，但因为企业经营过程中超擎的手段和目的是分开的，作为目的的苏州超擎并没有被波及，为重新崛起创造了条件。2007年11月份，笔者创立了苏州芯图地理信息技术有限公司，公司最初由5个人组成，其中2个是刚毕业的专科学生，然后进入一个完全陌生的电力行业，而且正好遇上经济不景气，在一系列不利的条件下，按照螺旋论建立的"经营运作模型"进行经营运作，公司前期投入不到5万元人民币，经过1年多的时间，公司的价值在达2009到年1亿元人民币，净利润800多万元人民币，而公司只有12名员工，其中8名大学毕业不到一年。2013年，苏州超擎公司引入战略投资，仅核心算法估值达到3亿元人民币。

参考文献

[1] 江苏省地理信息中心.产品测试报告[R].2012.

[2] 中国电力科学院.超擎网络图形图像引擎检测报告:CEPRI-TX4-2015-162[R].2015.

[3] 林希逸.庄子卢斋口义校注[M].周启成,校注.北京:中华书局,1997:26.

[4] 湛垦华,沈小峰,等.普里高津与耗散结构理论[M].西安:陕西科学技术出版社,1982.

[5] 普里戈金.从存在到演化[J].自然杂志,1980,30(1):14.

[6] 杨祖陶,邓晓芒.康德《纯粹理性批判》指要[M].北京:生活·读书·新知三联书店,2006:90-91.

[7] 海森伯W.物理学和哲学[M].范岱年,译.北京:商务印书馆,1981:24.

[8] 中共中央马克思恩格斯列宁斯大林著作编译局.恩格斯:自然辩证法[M].北京:人民出版社,1971:166.

[9] 杨适.哲学的童年[M].北京:中国社会科学出版社,1987:177,179.

[10]《欧洲哲学史教程》编写组.欧洲哲学史教程[M].福建:福建人民出版社,1983:70.

[11] 洛西J.科学哲学历史导论[M].邱仁宗,金吾伦,等,译.武汉:华中工学院出版社,1982:66.

[12] 笛卡尔.探求真理的指导原则[M].管震湖,译.北京:商务印书馆,1991:113.

[13] 中共中央马克思恩格斯列宁斯大林著作编译局.马克思恩格斯选集:第4卷[M].北京:人民出版社,1971:224.

[14] 罗素.西方哲学史:下卷[M].马元德,译.北京:商务印书馆,1976.

[15] 王太庆,孙鼎国,吴可.西方自然哲学原著选辑:三[M].北京:北京大学出版社,

1993:199.

[16] 庞元正,李建华.系统论、控制论、信息论经典文献选编[M].北京:求实出版社,1989:134.

[17] 维纳.控制论[M].郝季仁,译.北京:科学出版社,1985:12.

[18] 黑格尔.哲学史讲演录:第一卷[M].贺麟,王太庆,译.北京:商务印书馆,1959:32.

[19] 中共中央马克思恩格斯列宁斯大林著作编译局.马克思恩格斯选集:第4卷[M].北京:人民出版社,1972:63.

[20] 中共中央马克思恩格斯列宁斯大林著作编译局.马克思恩格斯选集:第1卷[M].北京:人民出版社,1972:18.

[21] 麦奎里D,安贝吉T,裘辉.马克思和现代系统论[J].国外社会科学,1979,6:4-16.

[22] 中共中央马克思恩格斯列宁斯大林著作编译局.恩格斯:自然辩证法[M].北京:人民出版社,1971:281,54.

[23] 魏洪森.系统科学方法论导论[M].北京:人民出版社,1983:24.

[24] 贝塔朗菲.一般系统论:基础、发展和应用[M].林康义,魏宏森,等,译.北京:清华大学出版社,1987:51.

[25] Bertalanffy, Ludwig Von.The History and Status of General System Theory[J]. The Academy of Management Journal.1972, 15(4):407-426.

[26] 魏洪森,曾国屏.系统论[M].北京:清华大学出版社,1995:94.

[27] 曹海英.混沌及其哲学启示[J].北京工业大学学报,2001,(4):44-50.

[28] 刘君灿.生克消长—阴阳五行与中国传统科技[M].北京:生活·读书·新知三联书店,1992:66-67.

[29] 普里高津.从存在到演化[M].曾庆宏,译.上海:上海科技出版社,1986:3.

[30] 马克思主义基本原理概论编写组.马克思主义基本原理概论[M].北京:高等教育出版社,2010:54.

[31] 蒙培元.人与自然—中国哲学生态观[M].北京:人民出版社,2004:23,24.

[32] 冯友兰.中国哲学史新编(1980年修订本):第二册[M].北京:人民出版社,1982:49.

[33] 吴延涪.新自然史:自组织理论与自然系统的演化[M].北京:化学工业出版社,1993:131.

[34] 钱学森.开展人体科学的研究[J].自然杂志,1981,7:483-488.

[35] 玻姆 D.整体性与隐缠序:卷展中的宇宙与意识[M].洪定国,张桂权,查有梁,译.上海:上海科技教育出版社,2004.

[36] 哈肯.高等协同学[M].郭治安,译.赵惠之,校.北京:科学出版社,1989:1.

[37] 贝塔朗菲.一般系统论[M].林康义,魏洪森,译.北京:清华大学出版社,1987:15.

[38] 庞元正,李建华.系统论、控制论、信息论经典文献选编[M].北京:求实出版社,1987:284.

[39] Maslow A H. A theory of human motivation[J].Psychological Review,1943,50(4):370-96.

[40] 刘烨.马斯洛的人本哲学[M].呼伦贝尔:内蒙古文化出版社,2008.

[41] 刘颖,苏巧玲.医学心理学[M].北京:中国华侨出版社,1997:27.

[42] 董福田.空间数据处理方法及装置:CN201010617399.X[P].2013-06-26.

[43] 董福田.空间数据处理方法及装置:JP2012547439[P].2014-06-20.

[44] 董福田.空间数据处理、化简与渐进传输的方法与装置:CN201210104250.0[P].2015-06-10.

[45] 董福田.空间数据化简方法及装置:CN201010617400.9[P].2013-03-13.

[46] 汤国安,刘学军,闾国年,等.地理信息系统教程[M].北京:高等教育出版社,2007.

[47] 刘大椿.自然辩证法概论[M].北京:中国人民大学出版社,2008:100-250.

[48] 董福田.空间实体要素标注的冲突检测与避让方法及装置:CN201010617385.8[P].2014-03-26.

[49] 董福田.空间实体要素标注的冲突检测与避让方法及装置:US9373193B2[P].2016-06-21.